동양북스 외국어
베스트 도서
700만 독자의 선택!

새로운 도서,
다양한 자료
동양북스
홈페이지에서
만나보세요!

www.dongyangbooks.com
m.dongyangbooks.com

※ 학습자료 및 MP3 제공 여부는 도서마다 상이하므로 확인 후 이용 바랍니다.

홈페이지 도서 자료실에서 학습자료 및 MP3 무료 다운로드

PC

❶ 홈페이지 접속 후 도서 자료실 클릭
❷ 하단 검색 창에 검색어 입력
❸ MP3, 정답과 해설, 부가자료 등 첨부파일 다운로드
  * 원하는 자료가 없는 경우 '요청하기' 클릭!

MOBILE

* 반드시 '인터넷, Safari, Chrome' App을 이용하여 홈페이지에 접속해주세요. (네이버, 다음 App 이용 시 첨부파일의 확장자명이 변경되어 저장되는 오류가 발생할 수 있습니다.)

❶ 홈페이지 접속 후 ☰ 터치

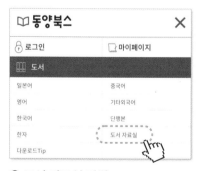

❷ 도서 자료실 터치

❸ 하단 검색창에 검색어 입력
❹ MP3, 정답과 해설, 부가자료 등 첨부파일 다운로드
  * 압축 해제 방법은 '다운로드 Tip' 참고

| 일본어뱅크 |

문화로
배우는

좋아요
일본어
독해 STEP 1

오미선·양정순·니시구치 와카·니시노 에리코·이해미 저

동양북스

초판 2쇄 | 2023년 3월 5일

지은이 | 오미선, 양정순, 니시구치 와카, 니시노 에리코, 이해미
발행인 | 김태웅
책임편집 | 길혜진, 이선민
일러스트 | 임은정
디자인 | 남은혜, 신효선
마케팅 | 나재승
제　작 | 현대순

발행처 | (주)동양북스
등　록 | 제 2014-000055호(2014년 2월 7일)
주　소 | 서울시 마포구 동교로22길 14 (04030)
구입문의 | 전화 (02)337-1737　팩스 (02)334-6624
내용문의 | 전화 (02)337-1762　dybooks2@gmail.com

ISBN　979-11-5768-569-1　14730
　　　　979-11-5768-568-4　(세트)

이 도서의 국립중앙도서관 출판예정도서목록(CIP)은 서지정보유통지원시스템 홈페이지(http://seoji.nl.go.kr)와 국가자료공동목록시스템
(http://www.nl.go.kr/ kolisnet)에서 이용하실 수 있습니다.
(CIP제어번호:CIP2019043656)

새로운 언어를 효율적으로 배운다는 것은 쉬운 일이 아닙니다. 특히 일본어와 같이 모어인 한국어와 비슷해 보이는 언어를 배울 때는 더욱 그렇습니다. 시작을 하면 금방 말이 나올 것 같은 분위기인데 막상 시간이 흐를수록 그러한 생각은 자취를 감추고 점점 어렵게만 느껴져 당장이라도 포기해야 할 것 같은 생각이 듭니다. 이러한 상황은 단계별로 도움이 되는 좋은 길잡이 교재를 선택하면 상당 부분 해결할 수 있다고 생각합니다.

우리 주위에는 초급, 중급 등 수 많은 일본어 교재들이 널려 있습니다. 그러나 초급 교재들은 너무 쉽고 중급 교재들은 너무 어려워서 초급을 끝내도 중급으로 진행하는 것은 쉬워 보이지 않습니다. 초급은 단문 수준의 간단한 회화가 전부였는데 중급은 갑자기 담화나 복잡한 문장이 등장하기 때문입니다.

이 책은 그러한 초급과 중급의 단절을 실제 회화나 문장에서 활용할 수 있는 표현으로의 연결을 목표로, 일본어 교육 현장에서 다년간 학생들을 가르친 일본어학 전공자들이 직접 경험하며 정리한 문형이 문장 형태로 정리되어 있습니다. 기초일본어에서 등장하는 문법·문형 순서를 중심으로 본문은 실제 장면에서의 활용도를 높이기 위해 일본문화를 키워드로 설명하는 문장형식으로 되어 있습니다.

각 단원은 본문의 주제와 주요 문법·문형을 제시한 '들어가기', 일본문화를 키워드로 설명한 '기본 학습 어휘 & 본문'과 '심화 학습 어휘 & 본문', 본문에 나온 주요 문법·문형이 정리된 '포인트 정리', 학습한 내용을 확인하는 '연습문제', 그리고 본문의 주제를 응용해 실제 장면에 적용시켜 보는 '활동하기'로 구성되어 있습니다.

아무쪼록 이 책의 특징을 잘 활용하여 일본어 문장에도 강한 일본어 학습자가 될 수 있기를 기대합니다.

이 책의 구성과 특징

▨ 들어가기

각 과의 본문 주제를 제목을 통해 제시하고, 본문에서 다루게 될 주요 문법을 한눈에 알기 쉽게 정리하였습니다.

▨ 기본 학습 어휘 & 본문

'기본 학습 어휘'에서는 '기본 학습 본문'에 나오는 새로운 어휘를 확인합니다. '기본 학습 본문'에서는 일본의 실생활, 문화, 정보 등을 알기 쉬운 내용으로 서술하였으며, 독해문을 통해 일본어 문법과 문형 학습뿐만 아니라 일본의 사정 등을 자연스럽게 습득할 수 있도록 하였습니다.

▨ 심화 학습 어휘 & 본문

'심화 학습 어휘'에서는 '심화 학습 본문'에 나오는 새로운 어휘를 확인합니다. '심화 학습 본문'에서는 '기본 학습 본문'의 주제에서 한층 더 심도 있는 내용을 담아 일본에서 벌어지는 다양한 상황을 여러 각도에서 접할 수 있도록 하였습니다.

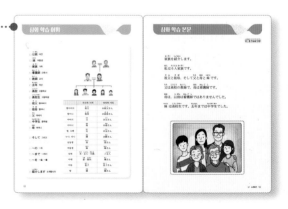

포인트 정리

본문에 나온 주요 문법과 문형을 알기 쉬운 설명과 예문을 통해 학습할 수 있도록 하였습니다. 본문의 문장을 이용한 예문은 본문의 내용을 다시 한번 문법과 연결시켜 학습할 수 있도록 하였고, 본문의 문장을 응용한 예문은 문법 사항을 여러 상황에 맞춰 자유자재로 사용할 수 있도록 하였습니다.

연습문제

각 과에서 학습한 내용을 다양한 문제를 통해 종합적으로 학습할 수 있도록 하였습니다. 독해를 통해 학습한 어휘와 문법, 작문 등의 실력을 확인할 수 있습니다.

활동하기

'활동하기'는 각 과의 주제를 바탕으로 함께 활동해 보는 공간입니다. 각 과에서 학습한 내용을 자신의 상황 등과 연결하여 자유롭게 활동해 봅시다.

차례

소개하기

① ～です / でした

② ～ではありません

③ 숫자 읽기

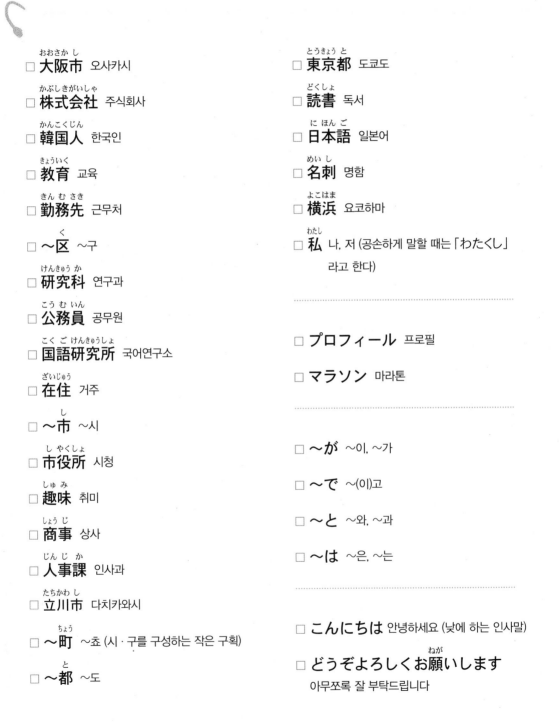

□ **大阪市** 오사카시 (おおさか し)

□ **株式会社** 주식회사 (かぶしきがいしゃ)

□ **韓国人** 한국인 (かんこくじん)

□ **教育** 교육 (きょういく)

□ **勤務先** 근무처 (きん む さき)

□ **～区** ～구 (く)

□ **研究科** 연구과 (けんきゅう か)

□ **公務員** 공무원 (こう む いん)

□ **国語研究所** 국어연구소 (こく ご けんきゅうしょ)

□ **在住** 거주 (ざいじゅう)

□ **～市** ～시 (し)

□ **市役所** 시청 (し やくしょ)

□ **趣味** 취미 (しゅ み)

□ **商事** 상사 (しょう じ)

□ **人事課** 인사과 (じんじ か)

□ **立川市** 다치카와시 (たちかわ し)

□ **～町** ～쵸 (시·구를 구성하는 작은 구획) (ちょう)

□ **～都** ～도 (と)

□ **東京都** 도쿄도 (とうきょう と)

□ **読書** 독서 (どくしょ)

□ **日本語** 일본어 (に ほん ご)

□ **名刺** 명함 (めい し)

□ **横浜** 요코하마 (よこはま)

□ **私** 나, 저 (공손하게 말할 때는 「わたくし」 라고 한다) (わたし)

□ **プロフィール** 프로필

□ **マラソン** 마라톤

□ **～が** ～이, ～가

□ **～で** ～(이)고

□ **～と** ～와, ～과

□ **～は** ～은, ～는

□ **こんにちは** 안녕하세요 (낮에 하는 인사말)

□ **どうぞよろしくお願いします** (ねが)
아무쪼록 잘 부탁드립니다

기본 학습 본문

✳ 名刺 ✳

株式会社ハイド商事
かぶしきがいしゃ   しょう じ

人事課 鈴木 花子
じんじ か   すず き はな こ

📍 〒 111-0000
大阪市〇〇区〇〇町 3-4-5
おおさか し   く   ちょう

📞 090-3456-7896

✉ hanako@haido.com

国語研究所
こく ご けんきゅうしょ
日本語教育研究科
に ほん ご きょういくけんきゅうか

山田太郎
やま だ た ろう

📍 〒一九〇ー八五六一
東京都立川市〇〇町三ー七
とうきょうと たちかわ し   ちょう

📞 〇三ー七二四六ー五一八九

✳ プロフィール ✳

こんにちは。

私は韓国人です。東京在住です。
わたし かんこくじん   とうきょうざいじゅう

公務員で、勤務先は横浜市役所です。
こう む いん   きん む さき よこはま し やくしょ

読書とマラソンが趣味です。
どくしょ   しゅ み

どうぞよろしくお願いします。
ねが

심화 학습 어휘

□ 以前 ^{いぜん} 이전

□ 妹 ^{いもうと} 여동생

□ 家族 ^{かぞく} 가족

□ 看護師 ^{かんごし} 간호사

□ 教師 ^{きょうし} 교사

□ 去年 ^{きょねん} 작년

□ 高校 ^{こうこう} 고등학교

□ 高校生 ^{こうこうせい} 고등학생

□ 祖父 ^{そふ} 할아버지

□ 祖母 ^{そぼ} 할머니

□ 父 ^{ちち} 아버지

□ 中学生 ^{ちゅうがくせい} 중학생

□ 母 ^{はは} 어머니

□ そして 그리고

□ ～の ～의

□ ～まで ～까지

□ ～を ～을, ～를

□ 紹介します ^{しょうかい} 소개합니다

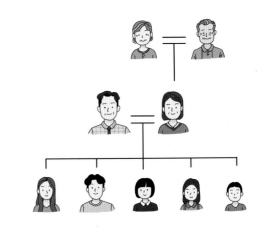

	자신의 가족	타인의 가족
할아버지	祖父 ^{そふ}	お祖父さん ^{じい}
할머니	祖母 ^{そぼ}	お祖母さん ^{ばあ}
아버지	父 ^{ちち}	お父さん ^{とう}
어머니	母 ^{はは}	お母さん ^{かあ}
형, 오빠	兄 ^{あに}	お兄さん ^{にい}
누나, 언니	姉 ^{あね}	お姉さん ^{ねえ}
남동생	弟 ^{おとうと}	弟さん ^{おとうと}
여동생	妹 ^{いもうと}	妹さん ^{いもうと}
남편	夫・主人・旦那 ^{おっと しゅじん だんな}	ご主人 ^{しゅじん}
아내	妻・家内 ^{つま かない}	奥さん ^{おく}
아들	息子 ^{むすこ}	息子さん ^{むすこ}
딸	娘 ^{むすめ}	娘さん ^{むすめ}

Track 1-02

家族を紹介します。

私は6人家族です。

祖父と祖母、そして父と母と妹です。

父は高校の教師で、母は看護師です。

母は、以前は看護師ではありませんでした。

妹は高校生です。去年までは中学生でした。

포인트 정리

～は～です ～은/는 ～입니다

조사 「～は(은/는)」는 [ha]가 아니라 [wa]로 읽는다. '주제, 다른 것과의 대비'의 의미를 나타낸다.

	보통체		정중체
명사	～だ	～である	～です

ちち きょうし
父は教師です。 아버지는 교사입니다.

いもうと こうむいん
妹は公務員です。 여동생은 공무원입니다.

～は～でした ～은/는 ～(이)었습니다

	보통체		정중체
명사	～だった	～であった	～でした

はは かいしゃいん
母は会社員でした。 어머니는 회사원이었습니다.

かいしゃいん
*会社員 회사원

いもうと ちゅうがくせい
妹は中学生でした。 여동생은 중학생이었습니다.

～で ～(이)고

▷ 명사+で、 명사+です

わたし かんこくじん がくせい
私は韓国人で、学生です。 저는 한국인이고, 학생입니다.

はは かんごし ちち かいしゃいん
母は看護師で、父は会社員です。 어머니는 간호사이고, 아버지는 회사원입니다.

～は～ではありません ~은/는 ~이/가 아닙니다

	보통체	정중체
명사	～ではない	～ではありません

*「では」 대신 「が(이/가)」를 쓰지 않도록 주의

*「では」는 「じゃ」로 줄여서 사용할 수 있다. 회화체에서는 주로 「じゃ」를 사용한다.

私は教師ではありません。 저는 교사가 아닙니다.

私は韓国人ではありません。 저는 한국인이 아닙니다.

～は～ではありませんでした ~은/는 ~이/가 아니었습니다

	보통체	정중체	
명사	～ではなかった	～ではなかったです	～ではありませんでした

祖母は教師ではありませんでした。 할머니는 교사가 아니었습니다.

祖父は会社員ではありませんでした。 할아버지는 회사원이 아니었습니다.

～の ~의

명사와 명사 사이의 어떤 관계(상태, 성질, 속성 등)를 나타낸다. 한국어에서는 '의'가 대부분 생략되어 잘 쓰이지 않지만, 일본어에서는 「の」를 생략하지 않도록 주의해야 한다.

私の母 우리 어머니

私の趣味 내 취미

포인트 정리

～が ～이/가

조사 「～が(이/가)」는 '주어, 대상'을 나타낸다.

読書が趣味です。 독서가 취미입니다.

マラソンが趣味です。 마라톤이 취미입니다.

숫자 읽기

수를 한자어로 말할 때는 일본어로 「一(いち)、二(に)……」라고 하고, '0'은 「れい」「ゼロ」 「まる」라고 한다.

一	いち	1	二	に	2
三	さん	3	四	し・よん	4
五	ご	5	六	ろく	6
七	しち・なな	7	八	はち	8
九	く・きゅう	9	十	じゅう	10
十一	じゅういち	11	二十	にじゅう	20
百	ひゃく	백	千	せん	천
万	まん	만	億	おく	억

百	ひゃく	三百	さんびゃく	四百	よんひゃく
六百	ろっぴゃく	七百	ななひゃく	八百	はっぴゃく
何百	なんびゃく				
千	せん	三千	さんぜん	四千	よんせん
六千	ろくせん	七千	ななせん	八千	はっせん
何千	なんぜん				

1 다음의 단어를 히라가나로 쓰세요.

① 母　（　　　　　　　　）　　② 父　（　　　　　　　　）

③ 祖父（　　　　　　　　）　　④ 祖母（　　　　　　　　）

⑤ 高校（　　　　　　　　）　　⑥ 教師（　　　　　　　　）

2 다음의 한자에 알맞은 단어를 연결하세요.

① 趣味　　•　　　　　　　　•　ⓐ かぞく

② 韓国　　•　　　　　　　　•　ⓑ しゅみ

③ 家族　　•　　　　　　　　•　ⓒ どくしょ

④ 読書　　•　　　　　　　　•　ⓓ かんこく

⑤ 在住　　•　　　　　　　　•　ⓔ しゃくしょ

⑥ 勤務先　•　　　　　　　　•　ⓕ きんむさき

⑦ 市役所　•　　　　　　　　•　ⓖ ざいじゅう

3 보기 안에서 알맞은 표현을 골라 (　　) 안에 넣으세요.

> **보기**
>
> と　　　　ありません　　　の　　　で　　　では

① 韓国人では (　　　　　　　　)。

② 私は教師 (　　　　) ありません。

③ 私 (　　　　) 家族を紹介します。

④ 妹は小学生 (　　　　)、１０歳です。　　　　　* 小学生 초등학생

⑤ 祖父 (　　　) 祖母、そして父 (　　　) 母 (　　　) 妹 です。

4 (　　) 안의 단어를 나열하여 알맞은 문장을 만드세요.

① (です/ ８人/ 家族)

　➡ _____

② (妹は/ です/ 中学生)

　➡ _____

③ (です/ 教師/ 私の母は)

　➡ _____

④ (勤務先は/ です/ 市役所/ 大阪の)

　➡ _____

⑤ (でした/ 以前は/ では/ ありません/ 会社員)

→ _____

5 다음을 일본어로 작문하세요.

① 저는 한국인입니다.

→ _____

② 우리 가족은 7명입니다.

* 「7人家族 (7인 가족)」를 이용

→ _____

③ 독서와 마라톤이 취미입니다.

→ _____

④ 남동생은 초등학생이 아닙니다.

→ _____

⑤ 아버지는 교사이고, 어머니는 회사원입니다.

→ _____

1 명함을 만들어 봅시다.

2 프로필을 만들어 봅시다.

3 자기 가족을 소개해 봅시다.

광고와 안내문

기본 학습 어휘

- □ **一杯** _{いっぱい} 한 잔, 한 그릇
- □ **営業中** _{えいぎょうちゅう} 영업 중
- □ **〜円** _{えん} 〜엔 (일본의 화폐 단위)
- □ **お知らせ** _し 알림
- □ **休診** _{きゅうしん} 휴진
- □ **旬** _{しゅん} 제철 (음식)
- □ **旬の盛り合わせ** _{しゅん も あ} 제철 모둠
- □ **税別** _{ぜいべつ} 별세 (세금 별도)
- □ **年末年始** _{ねんまつねんし} 연말연시
- □ **日替わり** _{ひ が} 매일 바뀜
  (**日替わり定食** _{ひ が ていしょく} 오늘의 정식)
- □ **病院長** _{びょういんちょう} 병원장
- □ **平日** _{へいじつ} 평일
- □ **味噌汁** _{み そ しる} 미소시루 (일본식 된장국)

- □ **お得な** _{とく} 이득인, 저렴한

- □ **〜します** 〜합니다

- □ **イクラ** 연어알
- □ **ウニ** 성게
- □ **サービス** 서비스
- □ **サーモン** 연어
- □ **ランチタイム** 런치 타임
- □ **ランチメニュー** 런치 메뉴

- □ **〜から** 〜에서, 〜부터

- □ **なんと** 놀랍게도, 웬걸

15:00 まで
ランチメニュー 営業中

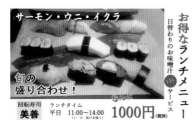

お得なランチメニュー
日替わりのお味噌汁一杯サービス

サーモン・ウニ・イクラ

旬の
盛り合わせ

ランチタイム　　なんと
平日 11:00〜14:00　　1000円(税別)

年末年始休診の
お知らせ

年末年始は
12月28日（日）から1月4日（日）
まで休診します.
　　　　　　　　病 院 長

年末年始休診の
お知らせ

年末年始は
12月28日(日)から1月4日(日)
まで休診します。
　　　　　　　　病 院 長

심화 학습 어휘

□ 赤坂 아카사카
　　あかさか

□ 演出 연출
　　えんしゅつ

□ 期間 기간
　　き かん

□ 吉日 길일 (「きつじつ」 또는 「きちにち」
　　きちじつ　　라고도 한다)

□ 挙式 거식 (특히 결혼식을 올림)
　　きょしき

□ 公演情報 공연 정보
　　こうえんじょうほう

□ 午後 오후
　　ご ご

□ 午前 오전
　　ご ぜん

□ 座席 좌석
　　ざ せき

□ 時間 시간
　　じ かん

□ 税込み 세금 포함
　　ぜい こ

□ 宝塚劇場 다카라즈카 극장
　　たからづかげきじょう

□ 提供中 제공 중
　　ていきょうちゅう

□ 電話 전화
　　でん わ

□ 日時 일시
　　にち じ

□ 場所 장소
　　ば しょ

□ 披露宴 피로연
　　ひ ろうえん

□ 前売り 사전 예매
　　まえ う

□ 港区 미나토구
　　みなと く

□ やきとり 닭꼬치

□ 料金 요금
　　りょうきん

□ 令和 레이와 (2019년 5월 1일 개원)
　　れい わ

□ うまい 맛있다

□ グランドホテル 그랜드호텔

□ チケット 티켓

□ 当ホームページ 당 홈페이지
　　とう

□ 生ビール 생맥주
　　なま

□ ミュージカル 뮤지컬

□ ～で ～에서

□ ～より ～에서, ～부터

＊ 안내문 읽기 ＊

日時　令和 〇〇年 〇月 〇日
　　　挙　式　午前１１時より
　　　披露宴　午後１時より
場所　グランドホテル東京
　　　東京都港区赤坂 ３－７－８
電話　03-1234-5678
　　　令和〇〇年〇月吉日
　　　佐藤次郎・田中花子

うまい！
生ビールを提供中
生ビール　四百二十円
やきとり　八十円

ミュージカル
『THE SCARLET(ザ・スカーレット)』
演出：山田一郎

<公演情報>

公演期間	３月２５日(金)から４月１７日(日)まで
公演場所	東京 宝塚劇場
公演時間	月～金：午前10時 / 土・日：午後２時
前売りチケット	３月15日(火)から３月20日(日)まで当ホームページで
座席料金(税込み)	SS席　12,000円 / S席　8,300円
	A席　5,500円 / B席　3,500円

포인트 정리

～を ～을/를

조사 「～を(을/를)」는 '대상, 출발 장소, 이동 장소' 등을 나타낸다.

やきとりを提供します。 닭꼬치를 제공합니다.

生ビールを提供します。 생맥주를 제공합니다.

～から～まで ～부터 ～까지

조사 「～から(부터)」는 '개시시점, 기준' 등을 나타내고, 조사 「～まで(까지)」는 '일정 기간의 한계점/도달점' 등을 나타낸다.

ランチタイムは11時から14時までです。 런치타임은 11시부터 14시까지입니다.

12月28日から1月4日まで休診します。 12월 28일부터 1월 4일까지 휴진합니다.

시간 읽기 (何時 몇 시)

1時	いちじ	1시	2時	にじ	2시
3時	さんじ	3시	4時	よじ*	4시
5時	ごじ	5시	6時	ろくじ	6시
7時	しちじ	7시	8時	はちじ	8시
9時	くじ*	9시	10時	じゅうじ	10시
11時	じゅういちじ	11시	12時	じゅうにじ	12시
何時	なんじ	몇 시		いつ	언제

*표시가 붙은 단어는 발음에 주의

분 읽기 (何分 몇 분)

1分	いっぷん*	1분	2分	にふん	2분
3分	さんぷん*	3분	4分	よんぷん*	4분
5分	ごふん	5분	6分	ろっぷん*	6분
7分	ななふん	7분	8分	はっぷん* / はちふん	8분
9分	きゅうふん	9분	10分	じゅっぷん* / じっぷん*	10분
半	はん	반	何分	なんぷん*	몇 분

*표시가 붙은 단어는 발음에 주의

시제를 나타내는 시간 표현

과거		현재	미래	
おととい	<ruby>昨日<rt>きのう</rt></ruby>	<ruby>今日<rt>きょう</rt></ruby>	<ruby>明日<rt>あした</rt></ruby>	あさって
그저께	어제	오늘	내일	모레
<ruby>先々週<rt>せんせんしゅう</rt></ruby>	<ruby>先週<rt>せんしゅう</rt></ruby>	<ruby>今週<rt>こんしゅう</rt></ruby>	<ruby>来週<rt>らいしゅう</rt></ruby>	<ruby>再来週<rt>さらいしゅう</rt></ruby>
지지난 주	지난주	이번 주	다음 주	다다음 주
おととし	<ruby>去年<rt>きょねん</rt></ruby>	<ruby>今年<rt>ことし</rt></ruby>	<ruby>来年<rt>らいねん</rt></ruby>	<ruby>再来年<rt>さらいねん</rt></ruby>
재작년	작년	올해	내년	후년

요일 읽기 (何曜日 무슨 요일)

日曜日	にちようび	일요일	月曜日	げつようび	월요일
火曜日	かようび	화요일	水曜日	すいようび	수요일
木曜日	もくようび	목요일	金曜日	きんようび	금요일
土曜日	どようび	토요일	何曜日	なんようび / なにようび	무슨 요일

*何曜日 :「なにようび」가 전통적으로 올바르게 읽는 방법이지만, 현재는「なんようび」라고 읽는 경우가 많다.

월일 읽기

1月	いちがつ	1월	2月	にがつ	2월
3月	さんがつ	3월	4月	しがつ*	4월
5月	ごがつ	5월	6月	ろくがつ	6월
7月	しちがつ	7월	8月	はちがつ	8월
9月	くがつ*	9월	10月	じゅうがつ	10월
11月	じゅういちがつ	11월	12月	じゅうにがつ	12월

月	火	水	木	金	土	日
1日	2日	3日	4日	5日	6日	7日
ついたち*	ふつか*	みっか*	よっか*	いつか*	むいか*	なのか*
8日	9日	10日	11日	12日	13日	14日
ようか*	ここのか*	とおか*	じゅういちにち	じゅうににち	じゅうさんにち	じゅうよっか*
15日	16日	17日	18日	19日	20日	21日
じゅうごにち	じゅうろくにち	じゅうしちにち	じゅうはちにち	じゅうくにち*	はつか*	にじゅういちにち
22日	23日	24日	25日	26日	27日	28日
にじゅうににち	にじゅうさんにち	にじゅうよっか*	にじゅうごにち	にじゅうろくにち	にじゅうしちにち	にじゅうはちにち
29日	30日	31日				
にじゅうくにち*	さんじゅうにち	さんじゅういちにち				

*표시가 붙은 단어는 발음에 주의

とおか　じゅうににち　きゅうしん
10日から12日まで休診します。10일부터 12일까지 휴진합니다.

たなか　けっこんしき　さんがつついたち
田中さんの結婚式は3月1日です。다나카 씨의 결혼식은 3월 1일입니다.

けっこんしき
*結婚式 결혼식

연습문제

1 다음의 단어를 히라가나로 쓰세요.

① 料金　（　　　　　　　　）　② 日時　（　　　　　　　　）

③ 営業　（　　　　　　　　）　④ 令和　（　　　　　　　　）

⑤ 前売り（　　　　　　　　）　⑥ 税込み（　　　　　　　　）

2 다음의 한자에 알맞은 단어를 연결하세요.

① 提供　　•　　　　　　　　　•　Ⓐ ばしょ

② 挙式　　•　　　　　　　　　•　Ⓑ ざせき

③ 場所　　•　　　　　　　　　•　Ⓒ きょしき

④ 休診　　•　　　　　　　　　•　Ⓓ げきじょう

⑤ 座席　　•　　　　　　　　　•　Ⓔ ていきょう

⑥ 劇場　　•　　　　　　　　　•　Ⓕ ひろうえん

⑦ 披露宴 •　　　　　　　　　•　Ⓖ きゅうしん

3 보기 안에서 알맞은 표현을 골라 ( ) 안에 넣으세요.

> から　　　と　　　まで　　　3月1日（さんがつついたち）　　　で　　　を

① 誕生日（たんじょうび）は（　　　　）です。　　　　　　　　　　*誕生日（たんじょうび）생일

② やきとり（　　　　）提供（ていきょう）します。

③ 前売（まえう）りチケットはホームページ（　　　　）。

④ ランチメニューはサーモン（　　　　）ウニです。

⑤ ランチタイムは12時20分（じゅうにじにじゅっぷん）（　　　　）1時10分（いちじじゅっぷん）（　　　　）です。

4 ( ) 안의 단어를 나열하여 알맞은 문장을 만드세요.

① （月曜日（げつようび）/ 今日（きょう）は/ です）

　➡ _____

② （お知（し）らせ/ の/ 年始（ねんし）/ 年末（ねんまつ）/ 休診（きゅうしん））

　➡ _____

③ （15分（じゅうごふん）/ です/ 公演（こうえん）は/ 7時（しちじ）/ から）

　➡ _____

④ （日（ひ）は/ です/ 子（こ）ども/ の/ 5月5日（ごがついつか)）　　　*子（こ）どもの日（び）어린이날

　➡ _____

⑤ （8時/ から/ です/ ミュージカル/ 公演は）

⇒ _____

5 다음을 일본어로 작문하세요.

① 나의 생일은 4월 24일입니다.

⇒ _____

② 오늘은 7월 8일이고, 금요일입니다.

⇒ _____

③ 공연은 밤 7시부터 9시 30분까지입니다.   *밤 夜

⇒ _____

④ 뮤지컬 예매는 일요일 밤 9시부터입니다.

⇒ _____

⑤ 2011년 11월 2일은 나의 결혼기념일입니다.   *결혼기념일 結婚記念日

⇒ _____

1 일본의 광고 문구를 찾아 내용을 이야기합시다.

2 일본의 안내문을 찾아 안내 목적, 시간, 장소를 이야기합시다.

3 일본의 공연 포스터를 찾아 시간과 장소를 이야기합시다.

6과

정보 전달하기

① 지시사

② 조수사

③ 위치 표현

□ <ruby>間<rt>あいだ</rt></ruby> 사이

□ <ruby>家<rt>いえ</rt></ruby> 집

□ <ruby>椅子<rt>い す</rt></ruby> 의자

□ <ruby>犬<rt>いぬ</rt></ruby> 개

□ <ruby>上<rt>うえ</rt></ruby> 위

□ <ruby>後ろ<rt>うし</rt></ruby> 뒤

□ <ruby>鉛筆<rt>えんぴつ</rt></ruby> 연필

□ お<ruby>風呂<rt>ふ ろ</rt></ruby> 욕실

□ <ruby>子<rt>こ</rt></ruby>ども 아이, 어린이

□ ごみ<ruby>箱<rt>ばこ</rt></ruby> 휴지통

□ <ruby>下<rt>した</rt></ruby> 아래

□ <ruby>写真<rt>しゃしん</rt></ruby> 사진

□ <ruby>寝室<rt>しんしつ</rt></ruby> 침실

□ <ruby>中央<rt>ちゅうおう</rt></ruby> 중앙

□ <ruby>中<rt>なか</rt></ruby> 안, 속

□ <ruby>猫<rt>ねこ</rt></ruby> 고양이

□ <ruby>部屋<rt>へ や</rt></ruby> 방

□ <ruby>本<rt>ほん</rt></ruby> 책

□ <ruby>本棚<rt>ほんだな</rt></ruby> 책장

□ <ruby>前<rt>まえ</rt></ruby> 앞

□ <ruby>窓際<rt>まどぎわ</rt></ruby> 창가

□ <ruby>横<rt>よこ</rt></ruby> 옆

□ キッチン 부엌

□ テーブル 테이블

□ マット 매트

□ リビング 거실

□ ～など ～등

□ ～に ～에 (위치, 장소를 나타냄)

□ ～や ～(이)랑, ～(이)나

기본 학습 본문

🎧 Track 3-01

　私の家の１階にはリビングやキッチンやお風呂、２階には寝室や子どもの部屋などがあります。リビングにはテーブルと椅子と本棚があります。テーブルはリビングの中央に１つあります。椅子は２つあります。椅子の後ろに家族写真があります。椅子と椅子の間にごみ箱があります。ごみ箱の中には何もありません。テーブルの上に本が１冊あります。その本の横に鉛筆が１本あります。テーブルの下に犬が１匹います。窓際には猫が３匹います。猫の前にマットが１枚あります。

심화 학습 어휘

□ うどん屋 우동 가게
□ 裏 뒤, 뒷면, 뒤쪽
□ 駅 역
□ 川 강
□ 喫茶店 찻집
□ 銀行 은행
□ 公園 공원
□ 雑誌 잡지
□ 自転車屋 자전거 가게
□ 品物 물건
□ 住宅地 주택지
□ 小学校 초등학교
□ すし屋 초밥집
□ 地図 지도
□ 花畑 꽃밭
□ 花屋 꽃집
□ 左 왼쪽 (↔ 右 오른쪽)
□ 病院 병원
□ 美容院 미용실

□ 本屋 서점
□ 町 마을
□ 真ん中 한가운데
□ 店 가게
□ 向かい 맞은편

....

□ いくつか 몇 개인가, 몇 가지
□ たくさん 많이

....

□ コンビニ 편의점
□ スーパー 슈퍼마켓
□ バラ 장미
□ パン屋 빵집
□ ヒマワリ 해바라기
□ 100円ショップ 100엔 숍
□ マンガ 만화
□ レストラン 레스토랑
□ ユリ 백합

Track 3-02

　これは町の地図です。町の真ん中に駅があります。店もいくつかあります。駅には本屋と100円ショップがあります。本屋には雑誌やマンガなどがあります。100円ショップには品物がたくさんあります。100円ショップの向かいには、パン屋とすし屋があります。パン屋の左には花屋があります。花屋にはバラやユリやヒマワリなどがあります。花屋とパン屋とすし屋の裏には病院があります。公園の向かいは住宅地です。

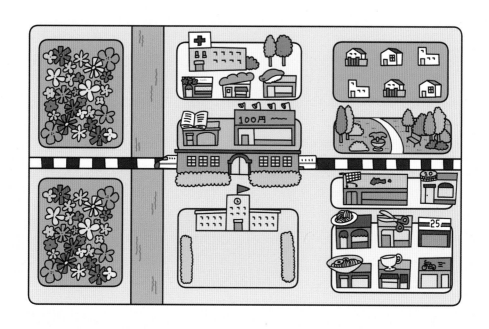

포인트 정리

～がいます・あります ～이/가 있습니다

猫がいます。 고양이가 있습니다.

ごみ箱があります。 휴지통이 있습니다.

います	사람이나 동물이 존재할 때 사용
あります	사물이나 식물이 존재할 때 사용

～や～や～など ～(이)랑 ～(이)랑 ～등

나열하고자 하는 것 중에 대표적인 것을 골라 나열하는 경우에 사용한다.

バラやユリやヒマワリなどがあります。 장미랑 백합이랑 해바라기 등이 있습니다.

リビングやキッチンやお風呂などがあります。 거실이랑 부엌이랑 욕실 등이 있습니다.

～と～ ～와/과 ～

나열하고자 하는 모든 것을 나열하는 경우에 사용한다.

本屋と花屋があります。 서점과 꽃집이 있습니다.

家には犬と猫がいます。 집에는 개와 고양이가 있습니다.

～の[위치]に ～의 [위치]에

猫はテーブルの上にいます。　고양이는 테이블 위에 있습니다.

パン屋の左には花屋があります。　빵집 왼쪽에는 꽃집이 있습니다.

위치 표현

「横」는 동일선상의 좌우 방향에 있는 것을 의미하고, 「隣」는 동등한 종류 및 수준의 것이 가까이에 나란히 있는 것을 의미한다.

위	안, 속	아래	앞	뒤
上	中	下	前	後ろ / 裏
오른쪽	왼쪽	사이	옆	*옆, 이웃
右	左	間	横	隣

こ・そ・あ・ど

こ　말하는 사람에게 가까운 것

そ　듣는 사람에게 가까운 것

あ　말하는 사람과 듣는 사람 모두에게 먼 것

ど　확실하지 않은 것

▶ 사물 : これ(이것)・それ(그것)・あれ(저것)・どれ(어느 것)

▶ 장소 : ここ(여기)・そこ(거기)・あそこ(저기)・どこ(어디)

▶ 명사를 접속시킬 때 : この(이)・その(그)・あの(저)・どの(어느)

포인트 정리

조수사

	~개	~個(~개)	~人(~명)	~回(~회)	~冊(~권)	~匹(~마리)	~枚(~장)
一	ひとつ	いっこ	ひとり	いっかい	いっさつ	いっぴき	いちまい
二	ふたつ	にこ	ふたり	にかい	にさつ	にひき	にまい
三	みっつ	さんこ	さんにん	さんかい	さんさつ	さんびき	さんまい
四	よっつ	よんこ	よにん	よんかい	よんさつ	よんひき	よんまい
五	いつつ	ごこ	ごにん	ごにん	ごさつ	ごひき	ごまい
六	むっつ	ろっこ	ろくにん	ろっかい	ろくさつ	ろっぴき	ろくまい
七	ななつ	ななこ	しちにん	ななかい	ななさつ	ななひき	ななまい
八	やっつ	はっこ	はちにん	はっかい	はっさつ	はっぴき	はちまい
九	ここのつ	きゅうこ	きゅうにん	きゅうかい	きゅうさつ	きゅうひき	きゅうまい
十	とお	じゅっこ	じゅうにん	じゅっかい	じゅっさつ	じゅっぴき	じゅうまい
何	いくつ	なんこ	なんにん	なんかい	なんさつ	なんびき	なんまい
그 외			階・ヶ月 등 ＊3階(さんがい) 何階(なんがい)		歳・足・頭 등 ＊3足(さんぞく) 何足(なんぞく) ＊20歳(はたち)	杯・本 등	台・度・番 등

▷ 階(かい) 층 수

▷ 歳(さい) 나이, ~살

▷ 足(そく) 양말, 구두, 샌들 등

▷ 度(ど) 횟수, 온도·습도·각도 등의 세기

▷ 杯(はい) 잔이나 컵 등

▷ 頭(とう) 말, 소 등 덩치가 큰 동물

▷ 枚(まい) 종이, 수건, 셔츠 등 얇은 것

▷ 回(かい) 횟수

▷ 冊(さつ) 책, 노트, 사전 등

▷ 台(だい) 자동차나 전기 제품 등

▷ 番(ばん) 순서, 차례, ~번

▷ 匹(ひき) 개, 고양이 등 작은 생물

▷ 羽(わ) 토끼 및 조류

▷ 本(ほん) 연필, 병, 우산 등 가늘고 긴 것

1 다음의 단어를 히라가나로 쓰세요.

① 本棚　（　　　　　　　　）　② 地図　（　　　　　　　　）

③ 寝室　（　　　　　　　　）　④ 公園　（　　　　　　　　）

⑤ 住宅地 （　　　　　　　　）　⑥ 喫茶店 （　　　　　　　　）

2 다음의 한자에 알맞은 단어를 연결하세요.

① 駅　•　　　　　　　　• Ⓐ みせ

② 店　•　　　　　　　　• Ⓑ えき

③ 病院 •　　　　　　　　• Ⓒ ざっし

④ 鉛筆 •　　　　　　　　• Ⓓ はなや

⑤ 花屋 •　　　　　　　　• Ⓔ しなもの

⑥ 雑誌 •　　　　　　　　• Ⓕ えんぴつ

⑦ 品物 •　　　　　　　　• Ⓖ びょういん

3 보기 안에서 알맞은 표현을 골라 (   ) 안에 넣으세요.

> **보기**
>
> と   上   など   います   や

① 窓際に猫が 3 匹 (   )。

② テーブルの (   ) には本があります。

③ 本屋には雑誌やマンガ (   ) があります。

④ 1 階にはリビング (   ) キッチンがあります。

⑤ リビングにはテーブル (   ) いす (   ) 本棚などがあります。

4 (   ) 안의 단어를 나열하여 알맞은 문장을 만드세요.

① (真ん中に/ あります/ 町の/ 駅が)

　→ _____

② (下に/ テーブルの/ います/ 犬が)

　→ _____

③ (公園の/ です/ 向かいは/ 住宅地)

　→ _____

④ (左には/ パン屋の/ あります/ 花屋が)

　→ _____

⑤ (1つ/ リビングの/ テーブルは/ あります/ 中央に)

➡ _____

5 다음을 일본어로 작문하세요.

① 이것은 마을의 지도입니다.

➡ _____

② 테이블 아래에 휴지통이 있습니다.

➡ _____

③ 고양이 앞에 매트가 한 장 있습니다.

➡ _____

④ 2층에는 침실이랑 아이들 방 등이 있습니다.

➡ _____

⑤ 역 앞에는 슈퍼마켓과 서점과 100엔 숍이 있습니다.

➡ _____

본문에서 다루지 않았던 위치 표현에 대해 써 봅시다.

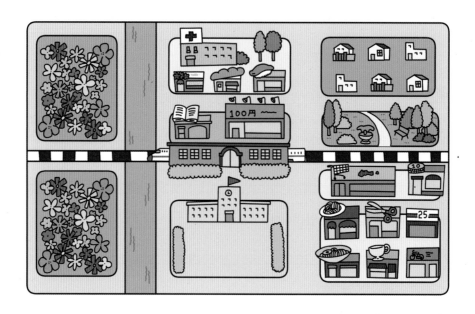

花畑 꽃밭 川 강 小学校 초등학교 スーパー 슈퍼마켓 銀行 은행 レストラン 레스토랑
美容院 미용실 コンビニ 편의점 うどん屋 우동 가게 喫茶店 찻집 自転車屋 자전거 가게

메모·공지 읽기

기본 학습 어휘

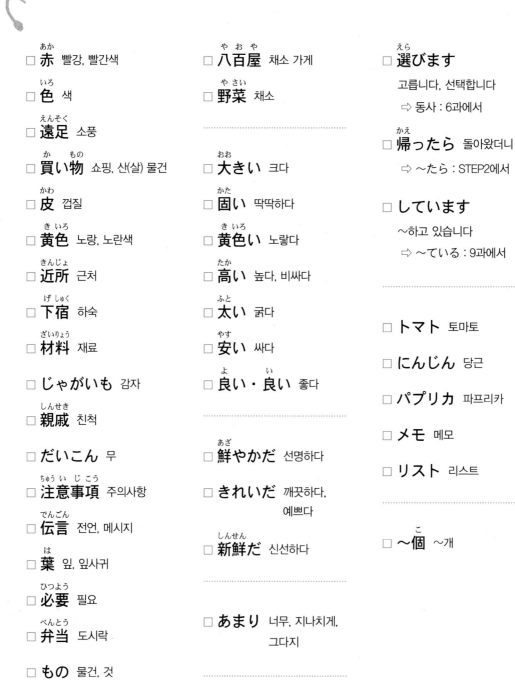

□ 赤（あか） 빨강, 빨간색

□ 色（いろ） 색

□ 遠足（えんそく） 소풍

□ 買い物（かいもの） 쇼핑, 산(살) 물건

□ 皮（かわ） 껍질

□ 黄色（きいろ） 노랑, 노란색

□ 近所（きんじょ） 근처

□ 下宿（げしゅく） 하숙

□ 材料（ざいりょう） 재료

□ じゃがいも 감자

□ 親戚（しんせき） 친척

□ だいこん 무

□ 注意事項（ちゅういじこう） 주의사항

□ 伝言（でんごん） 전언, 메시지

□ 葉（は） 잎, 잎사귀

□ 必要（ひつよう） 필요

□ 弁当（べんとう） 도시락

□ もの 물건, 것

□ 八百屋（やおや） 채소 가게

□ 野菜（やさい） 채소

□ 大きい（おお） 크다

□ 固い（かた） 딱딱하다

□ 黄色い（きいろ） 노랗다

□ 高い（たか） 높다, 비싸다

□ 太い（ふと） 굵다

□ 安い（やす） 싸다

□ 良い・良い（よ・い） 좋다

□ 鮮やかだ（あざ） 선명하다

□ きれいだ 깨끗하다, 예쁘다

□ 新鮮だ（しんせん） 신선하다

□ あまり 너무, 지나치게, 그다지

□ 選びます（えら）
고릅니다, 선택합니다
⇨ 동사 : 6과에서

□ 帰ったら（かえ） 돌아왔더니
⇨ ～たら : STEP2에서

□ しています
～하고 있습니다
⇨ ～ている : 9과에서

□ トマト 토마토

□ にんじん 당근

□ パプリカ 파프리카

□ メモ 메모

□ リスト 리스트

□ ～個（こ） ～개

46

기본 학습 본문

私は親戚の家に下宿しています。

家に帰ったら、おばさんからの買い物リストと伝言のメモがありました。買い物は遠足の弁当の材料で、伝言は材料の注意事項でした。

♥リスト

にんじん4本、だいこん1本、パプリカ2個、トマト5個、じゃがいも2個

♥伝言

にんじんは固くて大きいものが良いです。だいこんは太いものを選びます。黄色い葉のだいこんは良くありません。じゃがいもはあまり大きくないものが良いです。パプリカは赤と黄色が必要です。トマトは皮の色が鮮やかできれいなものが良いです。近所のスーパーの野菜は高いです。八百屋の野菜が安くて新鮮です。

□ <ruby>明日<rt>あした</rt></ruby> 내일

□ <ruby>行き先<rt>い さき</rt></ruby> 목적지

□ <ruby>上野公園<rt>うえ の こうえん</rt></ruby> 우에노 공원

□ <ruby>敷物<rt>しきもの</rt></ruby> 돗자리

□ <ruby>動物園<rt>どうぶつえん</rt></ruby> 동물원

□ <ruby>日<rt>ひ</rt></ruby> 날, 일

□ <ruby>帽子<rt>ぼう し</rt></ruby> 모자

□ <ruby>水<rt>みず</rt></ruby> 물

□ <ruby>持ち物<rt>も もの</rt></ruby> 소지품, 준비물

□ <ruby>厚い<rt>あつ</rt></ruby> 두껍다

□ <ruby>楽しい<rt>たの</rt></ruby> 즐겁다

□ <ruby>小さい<rt>ちい</rt></ruby> 작다

□ <ruby>広い<rt>ひろ</rt></ruby> 넓다

□ <ruby>古い<rt>ふる</rt></ruby> 오래되다

□ すてきだ 멋지다

□ <ruby>賑やかだ<rt>にぎ</rt></ruby> 번화하다, 북적이다, 활기차다

□ <ruby>有名だ<rt>ゆうめい</rt></ruby> 유명하다

□ いちばん 제일, 가장

□ とても 매우, 몹시, 대단히

□ ゾウ[<ruby>象<rt>ぞう</rt></ruby>] 코끼리

□ トラ[<ruby>虎<rt>とら</rt></ruby>] 호랑이

□ パンダ 판다

□ ビニール<ruby>袋<rt>ぶくろ</rt></ruby> 비닐봉지

□ でも 하지만

□ ～が ～이/가 (격조사)
　　～(이)지만 (접속조사)

□ ～ほど ～만큼, ～정도

🎧 Track 4-02

遠足のお知らせ

・日時：４月２７日

・行き先：上野公園、動物園

・持ち物：弁当、水、帽子、敷物、ビニール袋

　明日は楽しい遠足の日です。行き先は上野公園です。私の家の近所には上野公園ほど有名ではありませんが、すてきな公園があります。でも、その公園は小さいです。

　上野公園は賑やかで、とても広いです。公園の中には動物園があります。この動物園は日本でいちばん古い動物園です。動物園にはパンダやトラやゾウなどがいます。持ち物にはいくつかの注意事項があります。敷物はあまり大きくないものが良いです。ビニール袋は大きくて厚いものが良いです。

포인트 정리

～です ～입니다

▷ **イ형용사의 정중형** ⇨ ～です   어미 「い」를 그대로 두고 「です」를 접속

▷ **ナ형용사의 정중형** ⇨ ～です   어미 「だ」를 없애고 「です」를 접속

	보통체	정중체
イ형용사	～い	～です
ナ형용사	～だ	～です

だいこんは太いものが良いです。 무는 굵은 것이 좋습니다.

パプリカは、2個必要です。 파프리카는 두 개 필요합니다.

～くない / ～ではない ～(하)지 않다

▷ **イ형용사의 부정형** ⇨ ～くない   어미 「い」를 없애고 「くない」를 접속

▷ **ナ형용사의 부정형** ⇨ ～ではない   어미 「だ」를 없애고 「ではない」를 접속

	보통체	정중체	
イ형용사	～くない	～くないです	～くありません
ナ형용사	～ではない	～ではないです	～ではありません

*良い/いい의 부정표현 : よくない

敷物はあまり大きくないです。 돗자리는 그다지 크지 않습니다.

上野公園ほど有名ではありません。 우에노 공원만큼 유명하지 않습니다.

형용사의 연체형

▷ **イ형용사의 명사 수식** ⇨ い+명사   어미 「い」를 그대로 두고 '명사' 접속

▷ **ナ형용사의 명사 수식** ⇨ な+명사   어미 「だ」를 「な」로 고치고 '명사' 접속

日本<ruby>日本<rt>にほん</rt></ruby>でいちばん古<ruby>古<rt>ふる</rt></ruby>い動物園<ruby>動物園<rt>どうぶつえん</rt></ruby>です。 일본에서 가장 오래된 동물원입니다.

すてきな公園<ruby>公園<rt>こうえん</rt></ruby>があります。 멋진 공원이 있습니다.

형용사의 연결형 ~(이)고

▷ **イ형용사의 연결형** ⇨ ~く/くて   어미 「い」를 없애고 「く/くて」를 접속

▷ **ナ형용사의 연결형** ⇨ ~で   어미 「だ」를 없애고 「で」를 접속

八百屋<ruby>八百屋<rt>やおや</rt></ruby>の野菜<ruby>野菜<rt>やさい</rt></ruby>が安<ruby>安<rt>やす</rt></ruby>くて新鮮<ruby>新鮮<rt>しんせん</rt></ruby>です。 채소 가게의 채소가 싸고 신선합니다.

上野公園<ruby>上野公園<rt>うえのこうえん</rt></ruby>は賑<ruby>賑<rt>にぎ</rt></ruby>やかで広<ruby>広<rt>ひろ</rt></ruby>いです。 우에노 공원은 활기차고 넓습니다.

~が ~(이)지만

▷ **동사 · 형용사의 기본형 + が**

この椅子<ruby>椅子<rt>いす</rt></ruby>はすてきですが、高<ruby>高<rt>たか</rt></ruby>いです。 이 의자는 멋있지만, 비쌉니다.

八百屋<ruby>八百屋<rt>やおや</rt></ruby>の野菜<ruby>野菜<rt>やさい</rt></ruby>は新鮮<ruby>新鮮<rt>しんせん</rt></ruby>ですが、高<ruby>高<rt>たか</rt></ruby>いです。 채소 가게의 채소는 신선하지만, 비쌉니다.

연습문제

1 다음의 단어를 히라가나로 쓰세요.

① 新鮮 (　　　　　　　　)　② 敷物 (　　　　　　　　)

③ 材料 (　　　　　　　　)　④ 野菜 (　　　　　　　　)

⑤ 伝言 (　　　　　　　　)　⑥ 弁当 (　　　　　　　　)

2 다음의 한자에 알맞은 단어를 연결하세요.

① 帽子　·　　　　　　　　　　· Ⓐ きいろ

② 近所　·　　　　　　　　　　· Ⓑ ぼうし

③ 黄色　·　　　　　　　　　　· Ⓒ やおや

④ 注意　·　　　　　　　　　　· Ⓓ きんじょ

⑤ 遠足　·　　　　　　　　　　· Ⓔ ちゅうい

⑥ 八百屋 ·　　　　　　　　　　· Ⓕ えんそく

⑦ 動物園 ·　　　　　　　　　　· Ⓖ どうぶつえん

3 보기 안에서 알맞은 표현을 골라 (　　) 안에 넣으세요.

> **보기**
>
> くて　　　で　　　の　　　く　　　い

① 野菜が安 (　　　　　) 新鮮です。

② 材料 (　　　　　) 注意事項でした。

③ 公園は賑やか (　　　　　) 広いです。

④ 明日は楽し (　　　　　) 遠足の日です。

⑤ あまり大き (　　　　　) ないものが良いです。

4 문제를 보기와 같이 알맞게 고치세요.

> **보기**
>
> 古い　→　古いです　古くて　古くありません
>
> 新鮮だ　→　新鮮です　新鮮で　新鮮ではありません

① 高い　➡ ＿＿＿＿＿＿＿　＿＿＿＿＿＿＿　＿＿＿＿＿＿＿

② 良い　➡ ＿＿＿＿＿＿＿　＿＿＿＿＿＿＿　＿＿＿＿＿＿＿

③ 安い　➡ ＿＿＿＿＿＿＿　＿＿＿＿＿＿＿　＿＿＿＿＿＿＿

④ 広い　➡ ＿＿＿＿＿＿＿　＿＿＿＿＿＿＿　＿＿＿＿＿＿＿

⑤ 大きい　➡ ＿＿＿＿＿＿＿　＿＿＿＿＿＿＿　＿＿＿＿＿＿＿

⑥ 有名だ（ゆうめい）　➡ _____　_____　_____

⑦ きれいだ　➡ _____　_____　_____

⑧ 鮮やかだ（あざ）　➡ _____　_____　_____

⑨ 賑やかだ（にぎ）　➡ _____　_____　_____

⑩ すてきだ　➡ _____　_____　_____

5 다음을 일본어로 작문하세요.

① 즐거운 소풍날입니다.

➡ _____

② 토마토는 빨갛고 신선합니다.

➡ _____

③ 노란 잎의 무는 좋은 것이 아닙니다.

➡ _____

④ 비닐봉지는 크고 두꺼운 것이 좋습니다.

➡ _____

⑤ 근처에는 유명하지 않지만, 멋진 공원이 있습니다.

➡ _____

활동하기

1 메모 형식으로 쇼핑 리스트와 메시지를 작성해 봅시다.

2 여행 일정, 시험 일정 등에 관한 공지사항과 주의사항을 작성해 봅시다.

일본의 음식과 의복

- ❶ 형용사의 과거형
- ❷ 형용사의 과거부정형
- ❸ 형용사의 비교문형
- ❹ ~のです

- □ おかず 반찬
- □ 外国（がいこく） 외국
- □ 外国人（がいこくじん） 외국인
- □ 関心（かんしん） 관심
- □ 寄生虫（きせいちゅう） 기생충
- □ 基本（きほん） 기본
- □ 結果（けっか） 결과
- □ 研究（けんきゅう） 연구
- □ 健康（けんこう） 건강
- □ 現在（げんざい） 현재
- □ ご飯（はん） 밥
- □ 最近（さいきん） 최근
- □ 魚（さかな） 생선
- □ さしみ 회
- □ 食事（しょくじ） 식사
- □ 食文化（しょくぶんか） 식문화
- □ 汁（しる） 국
- □ すき焼（や）き 스키야키

- □ 寿司（すし） 초밥
- □ 漬（つ）け物（もの） 절임
- □ 伝統的（でんとうてき） 전통적
- □ てんぷら 튀김
- □ 生（なま）〜 생〜, 날것
- □ 日本人（にほんじん） 일본인
- □ 日本風（にほんふう） 일본풍
- □ 人気（にんき） 인기
- □ 認識（にんしき） 인식
- □ 洋食（ようしょく） 서양식 식사, 양식, 서양 음식
- □ 料理（りょうり） 요리
- □ 和食（わしょく） 일본식 식사, 일식, 일본 음식

- □ 多（おお）い 많다
- □ 低（ひく）い 낮다
  （背（せ）が低（ひく）い 키가 작다）

- □ 好（す）きだ 좋아하다

- □ 多（おお）くの＋명사 많은＋명사
- □ 実際（じっさい）に 실제로

- □ カロリー 칼로리
- □ ダイエット 다이어트

- □ しかし 그러나
- □ それで 그래서

- □ 〜でも 〜에서도, 〜라도
- □ 〜という 〜라고 하는
- □ 〜として 〜(으)로서
- □ 〜について 〜에 대해서, 〜을(를) 대상으로
- □ 〜より 〜보다

日本人の食文化

日本の伝統的な食文化として和食があります。日本風の食事で、ご飯、汁、漬け物、おかずが基本です。以前は和食について関心が低くて、日本料理の店なども多くありませんでした。しかし、最近は和食が健康やダイエットにも良いという研究結果があります。実際に、和食は洋食よりカロリーが低いです。それで、最近は日本料理も人気があります。日本料理には、さしみ、寿司、てんぷら、すき焼き、うどんなどがあります。外国では、生の魚は寄生虫がいるという認識がありました。それで、多くの外国人は、寿司があまり好きではなかったのですが、現在は和食の中でも寿司が、いちばん有名です。

심화 학습 어휘

□ **衣装** 의상
□ **一部** 일부
□ **衣服** 의복
□ **今** 지금
□ **色合い** 색조, 색 배합
□ **着付け** 옷을 법식에 따라 입혀 줌, 매무새
□ **着物** 기모노
□ **言葉** 말, 언어
□ **初期** 초기
□ **女子** 여자
□ **女性** 여성
□ **成人式** 성인식
□ **世界** 세계
□ **場合** 경우
□ **初詣** 첫 참배
□ **反対** 반대
□ **服装** 복장
□ **方** 쪽, 편

□ **民族衣装** 민족의상
□ **昔** 옛날
□ **明治時代** 메이지 시대 (1868~1912)
□ **浴衣** 유카타
□ **洋服** 서양 옷, 양복
□ **和服** (기모노, 유카타 등의) 일본 옷

□ **若い** 젊다

□ **地味だ** 수수하다, 검소하다
□ **特別だ** 특별하다
□ **華やかだ** 화려하다
□ **楽だ** 편안하다, 편하다, 쉽다
□ **ラフだ** 러프하다, (복장 등이) 화려하지 않다

□ **ほとんど** 대부분
□ **最も** 가장

□ **着る** 입다

Track 5-02

日本の衣服

　日本の伝統的な衣装には着物や浴衣などがあります。浴衣は和服の中でも最もラフなもので、着物より浴衣の方が着付けが楽です。昔の浴衣は地味な色が多かったのですが、現在の浴衣は華やかな色合いが多いです。着物は世界でも人気が高い日本の民族衣装です。明治時代の初期は、洋服の人は多くありませんでした。今では反対に着物の人は多くありません。最近は着物女子という言葉があり、一部の若い女性には着物が人気です。しかし、ほとんどの場合、着物は成人式や初詣など特別な日に着る服装です。

포인트 정리

~かったです / ~でした ~(이)었습니다

▶ イ형용사의 과거형 ⇨ ~かった   어미「い」를 없애고「かった」를 접속

▶ ナ형용사의 과거형 ⇨ ~だった   어미「だ」를 없애고「だった」를 접속

	보통체	정중체
イ형용사	~かった	~かったです
ナ형용사	~だった	~でした

*良_よい/いい의 과거표현 : よかった

着物_{きもの}の人_{ひと}が少_{すく}なかったです。 기모노를 입은 사람이 적었습니다.

*少_{すく}ない 적다

浴衣_{ゆかた}の色合_{いろあ}いが地味_{じみ}でした。 유카타의 색조가 수수했습니다.

~くなかった / ~ではなかった ~(하)지 않았다

▶ イ형용사의 과거부정형 ⇨ ~くなかった

　　　　　　　　　　　　어미「い」를 없애고「くなかった」를 접속

▶ ナ형용사의 과거부정형 ⇨ ~ではなかった

　　　　　　　　　　　　어미「だ」를 없애고「ではなかった」를 접속

	보통체	정중체	
イ형용사	~くなかった	~くなかったです	~くありませんでした
ナ형용사	~ではなかった	~ではなかったです	~ではありませんでした

*良_よい/いい : よくなかった・よくありませんでした

洋服_{ようふく}の人_{ひと}が多_{おお}くありませんでした。 양복을 입은 사람이 많지 않았습니다.

外国人_{がいこくじん}は寿司_{すし}があまり好_すきではなかったです。

외국인은 초밥을 그다지 좋아하지 않았습니다.

～より～方が　～보다 ～쪽이

着物(きもの)より浴衣(ゆかた)の方(ほう)が着付(きつ)けが楽(らく)です。
기모노보다 유카타 쪽이 옷을 입혀 주기가 편합니다.

和食(わしょく)は洋食(ようしょく)よりカロリーが低(ひく)いです。　일식은 양식보다 칼로리가 낮습니다.

▶ **～と～とどちらが～ですか**　～와/과 ~와/과 어느 쪽이 ~입니까?

着物(きもの)と浴衣(ゆかた)とどちらが好(す)きですか。　기모노와 유카타와 어느 쪽이 좋습니까?

さしみと寿司(すし)とどちらがおいしいですか。　생선회와 초밥과 어느 쪽이 맛있습니까?

▶ **～は～より～です**　～은/는 ~보다 ~입니다

田中(たなか)さんは木村(きむら)さんより背(せ)が高(たか)いです。　다나카 씨는 기무라 씨보다 키가 큽니다.

ゾウはトラより大(おお)きいです。　코끼리는 호랑이보다 큽니다.

*背(せ)が高(たか)い 키가 크다

▶ **どちらも～です**　어느 쪽도 ~입니다

どちらもおいしいです。　어느 쪽도 맛있습니다.

どちらも好(す)きです。　어느 쪽도 좋아합니다.

～のです　～것입니다

주장 표시 등의 의미를 나타내며, 회화체에서는 주로 「～んです」의 형태로 사용된다.

和食(わしょく)について関心(かんしん)が低(ひく)かったのです。　일본 음식에 대해 관심이 낮았던 것입니다.

昔(むかし)の浴衣(ゆかた)は地味(じみ)な色(いろ)が多(おお)かったんです。　옛날 유카타는 수수한 색이 많았던 것입니다.

연습문제

1 다음의 단어를 히라가나로 쓰세요.

① 浴衣 （　　　　　　　）　　② 基本 （　　　　　　　）

③ 人気 （　　　　　　　）　　④ 和食 （　　　　　　　）

⑤ 伝統 （　　　　　　　）　　⑥ 衣装 （　　　　　　　）

2 다음의 한자에 알맞은 단어를 연결하세요.

① 現在 •　　　　　　　　　　• Ⓐ りょうり

② 民族 •　　　　　　　　　　• Ⓑ とくべつ

③ 研究 •　　　　　　　　　　• Ⓒ げんざい

④ 関心 •　　　　　　　　　　• Ⓓ かんしん

⑤ 特別 •　　　　　　　　　　• Ⓔ みんぞく

⑥ 初詣 •　　　　　　　　　　• Ⓕ はつもうで

⑦ 料理 •　　　　　　　　　　• Ⓖ けんきゅう

3 보기 안에서 알맞은 표현을 골라 (　　) 안에 넣으세요.

> 보기
>
> ついて　　　でも　　　として　　　な　　　の

① 和食に (　　　　　) 関心が低かったです。

② 洋服 (　　　　　) 人は多くありませんでした。

③ 浴衣は和服の中でも最もラフ (　　　　　) ものです。

④ 日本の伝統的な食文化 (　　　　　) 和食があります。

⑤ 着物は世界 (　　　　　) 人気が高い日本の民族衣装です。

4 문제를 보기와 같이 알맞게 고치세요.

> 보기
>
> 古い　→　古かった　古かったです　古くなかった
> 古くなかったです
>
> 新鮮だ　→　新鮮だった　新鮮でした　新鮮ではなかった
> 新鮮ではなかったです

① 低い　　➡　＿＿＿＿＿＿　＿＿＿＿＿＿　＿＿＿＿＿＿

　　　　　　　　＿＿＿＿＿＿＿＿＿＿＿＿＿＿

② 多い　　➡　＿＿＿＿＿＿　＿＿＿＿＿＿　＿＿＿＿＿＿

　　　　　　　　＿＿＿＿＿＿＿＿＿＿＿＿＿＿

③ 高_{たか}い　➡　_____ 　_____ 　_____

_____

④ 若_{わか}い　➡　_____ 　_____ 　_____

_____

⑤ 少_{すく}ない　➡　_____ 　_____ 　_____

_____

⑥ 好_すきだ　➡　_____ 　_____ 　_____

_____

⑦ 静_{しず}かだ　➡　_____ 　_____ 　_____

_____

⑧ 有名_{ゆうめい}だ　➡　_____ 　_____ 　_____

_____

⑨ 地味_{じみ}だ　➡　_____ 　_____ 　_____

_____

⑩ 華_{はな}やかだ　➡　_____ 　_____ 　_____

_____

5 다음을 일본어로 작문하세요.

① 외국인은 초밥을 그다지 좋아하지 않았습니다.

　⇢ _____

② 옛날의 유카타는 수수한 색이 많았던 것입니다.

　⇢ _____

③ 일본풍의 식사로 밥, 국, 절임, 반찬이 기본입니다.

　⇢ _____

④ 기모노보다 유카타 쪽이 옷을 입혀 주기가 편합니다.

　⇢ _____

⑤ 기모노는 성인식이나 첫 참배 등 특별한 날에 입는 복장입니다.

　⇢ _____

활동하기

1 한국인의 식문화를 이야기해 봅시다.

2 한국의 의복문화를 이야기해 봅시다.

일본의 교통

① 동사의 ます형

② 동사의 연체형

③ 이유 · 원인의 ので

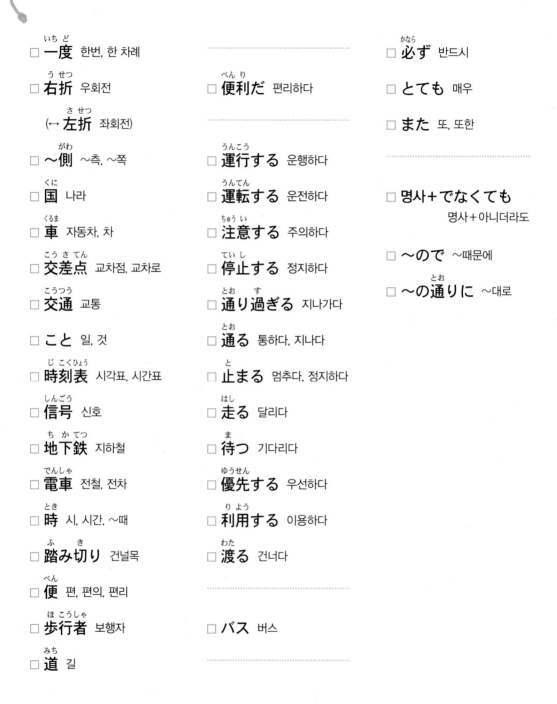

□ **一度** ^{いちど} 한번, 한 차례

□ **右折** ^{うせつ} 우회전

   (↔ **左折** ^{させつ} 좌회전)

□ **〜側** ^{がわ} 〜측, 〜쪽

□ **国** ^{くに} 나라

□ **車** ^{くるま} 자동차, 차

□ **交差点** ^{こうさてん} 교차점, 교차로

□ **交通** ^{こうつう} 교통

□ **こと** 일, 것

□ **時刻表** ^{じこくひょう} 시각표, 시간표

□ **信号** ^{しんごう} 신호

□ **地下鉄** ^{ちかてつ} 지하철

□ **電車** ^{でんしゃ} 전철, 전차

□ **時** ^{とき} 시, 시간, 〜때

□ **踏み切り** ^{ふ き} 건널목

□ **便** ^{べん} 편, 편의, 편리

□ **歩行者** ^{ほこうしゃ} 보행자

□ **道** ^{みち} 길

□ **便利だ** ^{べんり} 편리하다

□ **運行する** ^{うんこう} 운행하다

□ **運転する** ^{うんてん} 운전하다

□ **注意する** ^{ちゅうい} 주의하다

□ **停止する** ^{ていし} 정지하다

□ **通り過ぎる** ^{とお す} 지나가다

□ **通る** ^{とお} 통하다, 지나다

□ **止まる** ^と 멈추다, 정지하다

□ **走る** ^{はし} 달리다

□ **待つ** ^ま 기다리다

□ **優先する** ^{ゆうせん} 우선하다

□ **利用する** ^{りよう} 이용하다

□ **渡る** ^{わた} 건너다

□ **バス** 버스

□ **必ず** ^{かなら} 반드시

□ **とても** 매우

□ **また** 또, 또한

□ **명사＋でなくても**
       명사＋아니더라도

□ **〜ので** 〜때문에

□ **〜の通りに** ^{とお} 〜대로

Track 6-01

日本_{にほん}の交通_{こうつう}

日本_{にほん}は交通_{こうつう}の便_{べん}が良_よい国_{くに}の一_{ひと}つです。地下鉄_{ちかてつ}やバスも時刻表_{じこくひょう}の通_{とお}りに運行_{うんこう}するので、とても便利_{べんり}です。しかし、車_{くるま}を運転_{うんてん}する時_{とき}は、注意_{ちゅうい}することがあります。韓国_{かんこく}の車_{くるま}は右側_{みぎがわ}を走_{はし}りますが、日本_{にほん}の車_{くるま}は左側_{ひだりがわ}を走_{はし}ります。また、韓国_{かんこく}では交差点_{こうさてん}で信号_{しんごう}が赤_{あか}でも右折_{うせつ}をしますが、日本_{にほん}では信号_{しんごう}が赤_{あか}の時_{とき}は停止_{ていし}します。どんな時_{とき}でも歩行者_{ほこうしゃ}を優先_{ゆうせん}するので、歩行者_{ほこうしゃ}が道_{みち}を渡_{わた}る時_{とき}は通_{とお}り過_すぎるまで待_まちます。踏_ふみ切_きりでは電車_{でんしゃ}が通_{とお}る時_{とき}でなくても、必_{かなら}ず一度_{いちど}止_とまります。

심화 학습 어휘

□ **違反行為** 위반행위
□ **飲酒運転** 음주운전
□ **傘さし運転** 우산 쓰고 자전거를 탐
□ **先** 먼저
□ **自転車** 자전거
□ **手段** 수단
□ **乗客** 승객
□ **正面** 정면
□ **代表的** 대표적
□ **地域** 지역
□ **乗り降り** 타고 내림
□ **利用方法** 이용방법

□ **降りる** 내리다
□ **気を付ける** 조심하다, 주의하다
□ **異なる** 다르다
□ **邪魔になる** 방해되다
□ **立つ** 서다

□ **乗る** 타다
□ **守る** 지키다

□ **ドア** 문
□ **バス会社** 버스회사
□ **マナー** 매너
□ **ルール** 룰, 규칙

□ **〜によって** 〜에 따라서
□ **他の＋명사** 다른＋명사, 그 밖의＋명사

Track 6-02

日本の交通マナー

　日本の代表的な交通手段として車、自転車、バス、電車などがあります。どれも便利な交通手段ですが、利用する時はルールやマナーを守ることがとても大切です。自転車に乗る時は、違反行為に注意する必要があります。飲酒運転や傘さし運転は違反行為になります。バスを利用する時も、注意することがあります。バス会社や地域によって利用方法も異なります。後ろのドアから乗るバスもありますが、前のドアから乗るバスもあります。電車にもマナーがあります。電車に乗る時は、降りる人が先です。乗客が降りる時に電車のドアの正面に立つことは、他の乗客の乗り降りの邪魔になるので気を付けます。

일본어 동사

일본어 동사는 「ウ(う、く、ぐ、す、つ、ぬ、ぶ、む、る)단」으로 끝나는데, 「る」로 끝나는 동사 가운데 「る」 앞에 「イ단」과 「エ단」의 형태가 올 경우에는 '2그룹 동사(1단동사)'라고 하고, 나머지 동사는 '1그룹 동사(5단동사)'라고 한다. 그러나 「来る」「する」는 일정한 형식으로 활용을 하지 않고 불규칙적으로 활용하므로, 이 두 동사를 '3그룹 동사(변격동사)'라고 한다.

동사종류	동사 형태 특징	동사 예
1그룹동사 (5단동사)	ウ(う、く、ぐ、す、つ、ぬ、ぶ、む、る)단 2그룹동사와 3그룹동사가 아닌 경우	買う 사다　使う 사용하다 押す 밀다　話す 말하다 取る 집다　乗る 타다
2그룹동사 (1단동사)	イ단+る エ단+る	見る 보다　降りる 내리다 出る 나오다　食べる 먹다
3그룹동사 (변격동사)	일정한 형식으로 활용하지 않고 불규칙적으로 활용하는 동사	来る 오다　する 하다

▷ 형태는 2그룹동사(1단동사)지만, 1그룹동사(5단동사)인 동사

예　帰る 돌아가(오)다　要る 필요하다　切る 자르다　知る 알다
　　入る 들어가(오)다　走る 달리다

～ます ～합니다

▷ ます형 만들기

동사	활용법	활용 예
1그룹동사 (5단동사)	「ウ단」을 「イ단」으로 바꾸고 「ます」를 접속	乗る → 乗ります 買う → 買います
2그룹동사 (1단동사)	「る」를 없애고 「ます」를 접속	見る → 見ます 食べる → 食べます
3그룹동사 (변격동사)	불규칙적으로 활용	来る → 来ます する → します

동사의 연체형

▷ 동사의 기본형 + 명사

バスに乗る時も注意することがあります。
버스를 탈 때도 주의할 것이 있습니다.

歩行者が道を渡る時は通り過ぎるまで待ちます。
보행자가 길을 건널 때는 다 건널 때까지 기다립니다.

포인트 정리

～になる/くなる ～이/가 되다

▶ 명사 + になる

예 大学生（だいがくせい）＋になる ➡ 大学生（だいがくせい）になる

▶ イ형용사 ⇨ 어미「い」를 없애고 + くなる

예 大（おお）きい＋くなる ➡ 大（おお）きくなる

▶ ナ형용사 ⇨ 어미「だ」를 없애고 + になる

예 有名（ゆうめい）だ＋になる ➡ 有名（ゆうめい）になる

傘（かさ）さし運転（うんてん）は違反行為（いはんこうい）になります。 우산을 쓰고 자전거를 타는 것은 위반행위가 됩니다.

もみじの葉（は）が赤（あか）くなります。 단풍나무 잎이 빨갛게 됩니다. 　　　　　*もみじ 단풍

川（かわ）と海（うみ）がきれいになります。 강과 바다가 깨끗해집니다. 　　　　　*海（うみ） 바다

～に乗る ～을/를 타다

電車（でんしゃ）に乗（の）る時（とき）は、降（お）りる人（ひと）が先（さき）です。 전철을 탈 때는 내리는 사람이 먼저입니다.

自転車（じてんしゃ）に乗（の）る時（とき）は、違反行為（いはんこうい）に注意（ちゅうい）する必要（ひつよう）があります。
자전거를 탈 때는 위반행위에 주의할 필요가 있습니다.

---

*조사 사용에 주의할 표현

일반적으로 한국어의 '～을/를'에 해당하는 조사는 「を」, '～이/가'에 해당하는 조사는 「が」로
대응되는데, 일부 표현에서는 「に」로 나타나는 경우가 있으므로 주의할 필요가 있다.

・バスに乗（の）る 버스를 타다 ・友（とも）だちに会（あ）う 친구를 만난다 ・先生（せんせい）になる 선생님이 되다

～ので ～때문에

▷ 동사・イ형용사 ⇨ 기본형＋ので

예 行く＋ので ➡ 行くので

赤い＋ので ➡ 赤いので

▷ ナ형용사 ⇨ 어미 「だ」를 「な」로 바꾸고＋ので

예 便利だ＋ので ➡ 便利なので

▷ 명사 ⇨ 명사에 「な」를 붙이고＋ので

예 学生＋ので ➡ 学生なので

他の乗客の乗り降りの邪魔になるので気を付けます。
다른 승객의 승하차에 방해가 되므로 주의합니다.

時刻表の通りに運行するので、とても便利です。
시간표대로 운행하기 때문에 매우 편리합니다.

～を ～을/를

이동을 나타내는 동사와 함께 사용되는 「장소＋を」는 동사의 의미에 따라 '출발 장소, 이동 장소'로 구분된다.

道を渡る。 길을 건너다.

右側を走る。 오른쪽을 달리다.

▷ 이동을 나타내는 동사

泳ぐ(헤엄치다) 出る(나서다) 出発する(출발하다) 通る(지나다) 散歩する(산책하다)

渡る(건너다) 歩く(걷다) 降りる(내리다) 飛ぶ(날다) 走る(달리다)

~こと ~것

형식 명사 「こと」는 추상적인 동작이나 사건을 나타낸다.

▷ **동사의 기본형 + こと**

ルールやマナーを守^{まも}ることがとても大切^{たいせつ}です。 룰이나 매너를 지키는 것이 매우 중요합니다.

電車^{でんしゃ}のドアの正面^{しょうめん}に立^たつことは、邪魔^{じゃま}になるので気^きを付^つけます。

전철 문의 정면에 서는 것은 방해가 되기 때문에 주의합니다.

~ことがある ~하는 경우(일/것)가 있다

▷ **동사의 기본형 + ことがある**

バスを利用^{りよう}する時^{とき}も注意^{ちゅうい}することがあります。

버스를 이용할 때도 주의할 점이 있습니다.

1 다음의 단어를 히라가나로 쓰세요.

① 運転 （　　　　　　　　） 　　② 地域 （　　　　　　　　）

③ 電車 （　　　　　　　　） 　　④ 信号 （　　　　　　　　）

⑤ 優先 （　　　　　　　　） 　　⑥ 邪魔 （　　　　　　　　）

2 다음의 한자에 알맞은 단어를 연결하세요.

① 右折　•　　　　　　　　　•　Ⓐ りよう

② 利用　•　　　　　　　　　•　Ⓑ うせつ

③ 交通　•　　　　　　　　　•　Ⓒ こうつう

④ 乗客　•　　　　　　　　　•　Ⓓ こうさてん

⑤ 交差点　•　　　　　　　•　Ⓔ ほこうしゃ

⑥ 時刻表　•　　　　　　　•　Ⓕ じょうきゃく

⑦ 歩行者　•　　　　　　　•　Ⓖ じこくひょう

3 보기 안에서 알맞은 표현을 골라 (　　) 안에 넣으세요.

　　　が　　　に　　　の　　　ので　　　を

① 日本の車は左側 (　　　　　　) 走ります。

② 韓国は前 (　　　　　　) ドアからバスに乗ります。

③ 時刻表の通りに運行する (　　　　　　)、とても便利です。

④ 他の乗客の乗り降りの邪魔 (　　　　　　) なるので気を付けます。

⑤ 後ろのドアから乗るバスもあります (　　　　　　)、前のドアから乗る
バスもあります。

4 문제를 보기와 같이 알맞게 고치세요.

買う　→　買います　買う時

① 立つ　　➡　_____　_____

② 乗る　　➡　_____　_____

③ 待つ　　➡　_____　_____

④ 通る　　➡　_____　_____

⑤ 走る　　➡　_____　_____

⑥ 渡る　➡ _____　_____

⑦ 話す　➡ _____　_____

⑧ 降りる　➡ _____　_____

⑨ 止まる　➡ _____　_____

⑩ 異なる　➡ _____　_____

5 다음을 일본어로 작문하세요.

① 어떤 경우라도 보행자를 우선합니다.

➡ _____

② 일본은 교통편이 좋은 나라 중의 하나입니다.

➡ _____

③ 버스회사나 지역에 따라서 이용 방법도 다릅니다.

➡ _____

④ 건널목에서는 전철이 지나가지 않을 때에도 반드시 한 차례 멈춥니다.

➡ _____

⑤ 일본의 대표적인 교통수단으로 자동차, 자전거, 버스, 전철 등이 있습니다.

➡ _____

1 우리나라의 교통에 대해 써 봅시다.

2 우리나라의 교통 매너에 대해 써 봅시다.

일상생활

① ~ました

② 희망의 ~たい

③ 동사의 ない형

④ 이유·원인의 から

기본 학습 어휘

□ 売り場 ^{う ば} 매장

□ 今度 ^{こん ど} 이번, 이 다음

□ 週末 ^{しゅうまつ} 주말

□ 種類 ^{しゅるい} 종류

□ 百貨店 ^{ひゃっ か てん} 백화점

□ 普通 ^{ふ つう} 보통

□ 祭り ^{まつ} 축제, 마쓰리

□ 少ない ^{すく} 적다

□ 色々だ ^{いろいろ} 여러 가지다

□ 残念だ ^{ざんねん} 유감이다, 아쉽다

□ 少し ^{すこ} 조금

□ 早く ^{はや} 빨리

□ 行く ^い 가다

□ 試せる ^{ため} 시착할 수 있다, 시험해 볼 수 있다
⇨ 가능표현：10과에서

□ 見せる ^み 보이다

□ 見つける ^み 찾아내다, 발견하다

□ それで 그래서

□ ～から ～때문에, ～에서

□ ～しか ～밖에

□ ～に ～에 (시간, 목적지를 나타냄)

□ ～のが ～것이

□ 気に入った＋명사 ^{き い} 마음에 든＋명사

□ みんなに 모두에게

84

Track 7-01

買い物

今度の週末にお祭りがあります。お祭りに行く時は普通の服でもいいですが、私は浴衣が着たいと思いました。それで、昨日百貨店に行きました。近所の店には着物しかなかったからです。百貨店の着物売り場には、たくさんの着物がありましたが、ここにも浴衣は少ししかありませんでした。浴衣の種類が少なくて、色々な浴衣を試せないのが残念でしたが、その中から気に入った浴衣を見つけました。この浴衣を早くみんなに見せたいです。

심화 학습 어휘

□ 朝 (あさ) 아침

□ 後 (あと) 후, 나중

□ 映画 (えいが) 영화

□ 結局 (けっきょく) 결국

□ 掃除 (そうじ) 청소

□ ～ちゃん 「～さん(씨)」보다 친근감이 있는 호칭

□ 友達 (ともだち) 친구

□ 土曜日 (どようび) 토요일

□ 約束 (やくそく) 약속

□ 夕食 (ゆうしょく) 저녁밥, 저녁 식사

□ 私たち (わたし) 우리들

□ おもしろい 재미있다

□ 評判がいい (ひょうばん) 평판이 좋다

□ いつも 항상

□ 簡単に (かんたん) 간단하게

□ ぐっすり 푹 (깊이 잠든 모양)

□ 起きる (お) 일어나다

□ 遅れる (おく) 늦다

□ おなかが空く (す) 배가 고프다

□ 食べる (た) 먹다

□ 出る (で) 나가(오)다

□ 到着する (とうちゃく) 도착하다

□ 寝る (ね) 자다

□ 見る (み) 보다

□ アニメ映画 (えいが) 애니메이션영화

□ カフェ 카페

□ ケーキ 케이크

□ 食パン (しょく) 식빵

□ ロマンス 로맨스

□ ～ぐらい ～정도

□ ～だけ ～만

Track 7-02

4月20日(土)

私はいつも朝6時に起きますが、今日は早く起きないで、9時までぐっすり寝ました。今日は土曜日だからです。朝ごはんは、簡単に食パンを1枚だけ食べました。食事の後、部屋の中を掃除しました。友達の愛ちゃんとの約束が2時なので、1時に家を出ました。約束の時間までに到着したかったのですが、車が多かったので、いつもより時間がかかりました。それで、結局5分ぐらい遅れました。私たちは評判のいいアニメ映画を見ました。映画はとてもおもしろかったです。映画の後、カフェでケーキを食べました。7時に家に帰りましたが、おなかが空かなかったので、夕食は食べませんでした。アニメ映画もよかったですが、今度はロマンス映画が見たいです。

포인트 정리

〜たい 〜(하)고 싶다

▶ ます형에 접속

동사	활용법	활용 예
1그룹동사 (5단동사)	「ウ단」을 「イ단」으로 바꾸고 「たい」를 접속	会う → 会いたい 行く → 行きたい
2그룹동사 (1단동사)	「る」를 없애고 「たい」를 접속	見る → 見たい 食べる → 食べたい
3그룹동사 (변격동사)	불규칙적으로 활용	来る → 来たい する → したい

*「たい」는 형용사 활용을 한다.
*「たい」의 과거형은 「たかった」로 표현한다.

浴衣を早くみんなに見せたいです。 유카타를 빨리 모두에게 보여주고 싶습니다.

今度はロマンス映画が見たいです。 다음에는 로맨스영화를 보고 싶습니다.

*희망 대상에 쓰이는 조사는 「が」가 일반적이지만, 실제로는 「を」를 쓰는 경우가 많다.

▶ '제3자'의 희망을 나타내는 표현으로 「〜たがる(〜하고 싶어 하다)・〜たいそうだ(〜하고 싶다고 한다)・〜たいらしい(〜하고 싶은 것 같다)」 등이 있다.

彼はお菓子を食べたがっている。 그는 과자를 먹고 싶어 한다.

彼は食後にコーヒーを飲みたがる。 그는 식후에 커피를 마시고 싶어 한다.

*彼 그 お菓子 과자 食後 식후 コーヒー 커피 飲む 마시다

～のが ～것이

色々な浴衣を試せないのが残念でした。 다양한 유카타를 입어볼 수 없는 것이 유감이었습니다.

明日、ピクニックに行くのが楽しみです。 내일 피크닉 가는 것이 기대됩니다.

*ピクニック 피크닉 楽しみ 즐거움, 낙

～ない ～(하)지 않다 (부정형)

동사	활용법	활용 예
1그룹동사 (5단동사)	「ウ단」을 「ア단」으로 바꾸고 「ない」를 접속 *「～ウ」의 경우 「ア」 대신에 「ワ」를 사용	行く → 行かない 会う → 会わない
2그룹동사 (1단동사)	「る」를 없애고 「ない」를 접속	見る → 見ない 食べる → 食べない
3그룹동사 (변격동사)	불규칙적으로 활용	来る → 来ない する → しない

*「ある」의 부정표현은 「ない」로 나타낸다.
*「ない」의 과거형은 「なかった」로 표현한다.

私は映画館へ行かないです。 저는 영화관에 가지 않습니다.

*映画館 영화관

おなかが空かなかったのです。 배가 고프지 않던 것입니다.

포인트 정리

～ないで ～(하)지 않고

▷ **ない형에 접속**

전후 문장이 '동시동작, 수단, 나열' 등의 의미를 나타낸다.

早く起きないで、ぐっすり寝ました。 일찍 일어나지 않고 푹 잤습니다.

電車に乗らないで、自転車で行きました。 전철을 타지 않고 자전거로 갔습니다.

～から ～(이)므로, ～때문에

'이유, 원인, 근거' 등의 의미를 나타낸다.

▷ **イ형용사・ナ형용사・동사 ⇨ 기본형 + から**

예 赤い+から ➡ 赤いから

きれいだ+から ➡ きれいだから

行く+から ➡ 行くから

浴衣の種類が少ないから、色々な浴衣を試せないのが残念でした。
유카타의 종류가 적어서 다양한 유카타를 입어볼 수 없는 것이 유감이었습니다.

▷ **명사 ⇨ + だから**

예 学生+から ➡ 学生だから

土曜日だからです。 토요일이기 때문입니다.

～だけ ～만

食パン1枚だけ食べました。 식빵 한 장만 먹었습니다.

飲み会で酒を飲まないで、水だけ飲みました。
회식자리에서 술을 마시지 않고 물만 마셨습니다.

*飲み会 회식(자리) 酒 술

90

～しか ～밖에

浴衣は少ししかありませんでした。 유카타는 조금밖에 없었습니다.

近所の店には着物しかなかったからです。 근처 가게에는 기모노밖에 없었기 때문입니다.

～まで・～までに ～까지

「まで」는 '동작이나 상태가 일정 기간 동안 계속되는 것'을 나타내지만, 「までに」는 '동작의 기간이나 마감'을 나타낸다.

9時までぐっすり寝ました。 9시까지 푹 잤습니다.

約束の時間までに到着したかったのです。 약속 시간까지 도착하고 싶었던 것입니다.

▷ **まで**　　일정 기간을 나타내는 동사와 사용
　　　　　　待つ(기다리다) いる(있다) 続ける(계속하다) 働く(일하다) …

▷ **までに**　1회성을 나타내는 동사와 사용
　　　　　　返す(되돌리다) 提出する(제출하다) 終わる(끝나다) 出す(내다) …

1 다음의 단어를 히라가나로 쓰세요.

① 掃除 （　　　　　　　　）　　② 到着 　（　　　　　　　　）

③ 種類 （　　　　　　　　）　　④ 普通 　（　　　　　　　　）

⑤ 残念 （　　　　　　　　）　　⑥ 売り場 （　　　　　　　　）

2 다음의 한자에 알맞은 단어를 연결하세요.

① 週末　•　　　　　　　　　　　• Ⓐ やくそく

② 約束　•　　　　　　　　　　　• Ⓑ かんたん

③ 今度　•　　　　　　　　　　　• Ⓒ えいが

④ 映画　•　　　　　　　　　　　• Ⓓ こんど

⑤ 夕食　•　　　　　　　　　　　• Ⓔ しゅうまつ

⑥ 評判　•　　　　　　　　　　　• Ⓕ ゆうしょく

⑦ 簡単　•　　　　　　　　　　　• Ⓖ ひょうばん

3 보기 안에서 알맞은 표현을 골라 ( ) 안에 넣으세요.

보기

が　　　から　　　しか　　　ので　　　までに

① 私はアニメ映画（　　　　　）見たいです。

② 浴衣は少し（　　　　　）ありませんでした。

③ 約束の時間（　　　　　）到着したかったです。

④ 今日は9時に起きました。今日は土曜日だ（　　　　　）です。

⑤ おなかが空かなかった（　　　　　）、夕食は食べませんでした。

4 문제를 보기와 같이 알맞게 고치세요.

보기

乗る　→　乗りたい　乗りたかった
　　　　　　乗りたくない　乗りたくなかった

① する　➡　＿＿＿＿＿＿＿＿＿＿＿　＿＿＿＿＿＿＿＿＿＿＿

　　　　　　＿＿＿＿＿＿＿＿＿＿＿　＿＿＿＿＿＿＿＿＿＿＿

② 来る　➡　＿＿＿＿＿＿＿＿＿＿＿　＿＿＿＿＿＿＿＿＿＿＿

　　　　　　＿＿＿＿＿＿＿＿＿＿＿　＿＿＿＿＿＿＿＿＿＿＿

③ 行く　→　_____　_____

④ 買う　→　_____　_____

⑤ 着る　→　_____　_____

⑥ 出る　→　_____　_____

⑦ 飲む　→　_____　_____

⑧ 見る　→　_____　_____

⑨ 起きる　→　_____　_____

⑩ 食べる　→　_____　_____

5 다음을 일본어로 작문하세요.

① 배가 고프지 않았다.

  ◈ _____

② 로맨스영화를 보고 싶습니다.

  ◈ _____

③ 카페에서 케이크를 먹었습니다.

  ◈ _____

④ 식사 후 방 안을 청소했습니다.

  ◈ _____

⑤ 유카타의 종류가 적어서 다양한 유카타를 입어볼 수 없다.　　*입어볼 수 있다「試せる」를 이용

  ◈ _____

활동하기

1 주말에 하고 싶은 일을 이야기해 봅시다.

2 축제 때 하고 싶은 일을 이야기해 봅시다.

일본의 스포츠

① 〜て

② 〜たり

③ 〜てから

④ 〜に行く / 〜に来る

기본 학습 어휘

□ **以外** 이외
<small>いがい</small>

□ **一生懸命** 열심히 함
<small>いっしょうけんめい</small>

□ **甲子園** 고시엔, 고교 야구선수권 대회
<small>こうしえん</small>

□ **試合** 시합
<small>し あい</small>

□ **自分** 자신
<small>じ ぶん</small>

□ **地元** 고장, 생활 근거지
<small>じ もと</small>

□ **選手** 선수
<small>せんしゅ</small>

□ **大学** 대학
<small>だいがく</small>

□ **地域** 지역
<small>ち いき</small>

□ **ところ** 곳, 장소

□ **場合** 경우
<small>ば あい</small>

□ **名門大学** 명문대학
<small>めいもんだいがく</small>

□ **目標** 목표
<small>もくひょう</small>

□ **野球** 야구
<small>や きゅう</small>

□ **野球部** 야구부
<small>や きゅう ぶ</small>

□ **遠い** 멀다
<small>とお</small>

□ **応援する** 응원하다
<small>おうえん</small>

□ **行われる** 행해지다, 시행되다
<small>おこな</small>

□ **出場する** 출장하다
<small>しゅつじょう</small>

□ **進学する** 진학하다
<small>しんがく</small>

□ **卒業する** 졸업하다
<small>そつぎょう</small>

□ **練習する** 연습하다
<small>れんしゅう</small>

□ **入る** 들어가(오)다
<small>はい</small>

□ **スポーツ** 스포츠

□ **チーム** 팀

□ **ファン** 팬

□ **プロ球団** 프로구단
<small>きゅうだん</small>

□ **〜ごとに** 〜마다

□ **〜だけでなく** 〜뿐만 아니라

Track 8-01

野球

野球は日本人の好きなスポーツです。ほとんどの日本の高校には野球部があります。一生懸命に練習して甲子園に行くことが目標です。甲子園に出場した選手の中には、高校を卒業してから野球の名門大学に進学したり、プロ球団に入ったりする場合もあります。日本のプロ野球は12チームあります。地域ごとにプロ野球チームがあって、ほとんどの人は地元のチームを応援します。しかし地元以外のチームを応援するファンもいます。このファンの中には地元で行われる試合だけでなく、遠いところまで自分のチームを応援しに行く人もいます。

□ 相手^{あいて} 상대

□ 大関^{おおぜき} 오제키 (스모선수 등급의 하나)

□ 階級^{かいきゅう} 계급

□ 形^{かたち} 모양, 형상

□ 古代^{こだい} 고대

□ 塩^{しお} 소금

□ 順^{じゅん} 순서, 차례

□ 相撲^{すもう} 스모

□ 専用^{せんよう} 전용

□ ちゃんこ鍋^{なべ} 창코 나베
　　(스모선수들이 먹는 냄비 요리)

□ ちょんまげ 촌마게 (일본식 상투)

□ 土俵^{どひょう} 도효 (스모의 씨름판)

□ 番付^{ばんづけ} 스모선수의 순위를 기록한 표, 순위표

□ 変化^{へんか} 변화

□ まわし 마와시 (샅바)

□ 横綱^{よこづな} 요코즈나 (스모선수의 최고위)

□ 力士^{りきし} 스모선수

□ 強い^{つよ} 강하다, 세다

□ 丸い^{まる} 둥글다

□ お互いに^{たが} 서로

□ あがる 오르다, 올라가다

□ 行う^{おこな} 행하다, 시행하다

□ 押す^お 밀다

□ しめる 죄다, 조이다

□ 力^{ちから}をつける 힘을 북돋우다

□ 投げる^な 던지다

□ 始まる^{はじ} 시작되다

□ 引く^ひ 당기다, 끌다, 잡아끌다

□ ふる 뿌리다

□ 経る^へ 지나다, 거치다

□ 呼ぶ^よ 부르다

□ ～と (인용) ～라고, ～로 ～하고

Track 8-02

相撲

相撲は日本の伝統的なスポーツです。相撲は古代から始まり、色々な変化を経て現在の形になりました。相撲の選手を力士と呼びます。力士はちょんまげをして、まわしをしめて、丸い土俵にあがります。試合前には土俵に塩をふってから、その土俵の上で試合を行います。試合では、土俵の上でお互いに押したり引いたり、時には相手を投げたりします。力士には番付があり、強い順に階級があります。一番上は横綱で、その次は大関です。その下にもたくさんの階級があります。また、力士が食べる料理ではちゃんこ鍋が有名で、力士たちはちゃんこ鍋を食べて力をつけます。最近ではちゃんこ鍋専用のお店もあり、力士ではなくても、ちゃんこ鍋を食べに行ったりします。

포인트 정리

음편 만들기

발음상의 편의에 따라 음이 바뀌는 현상으로 다음과 같다.

▷ 1그룹동사(5단동사)의 경우

동사	활용법	활용 예
~う・~つ・ ~る	「う・つ・る」를 없애고 「って」「った」「ったり」를 접속	買う → 買って 立つ → 立って 取る → 取って
~ぬ・~ぶ・ ~む	「ぬ・ぶ・む」를 없애고 「んで」「んだ」「んだり」를 접속	呼ぶ → 呼んで 読む → 読んで
~く・~ぐ	「く・ぐ」를 없애고 「いて・いで」 「いた・いだ」「いたり・いだり」 를 접속	書く → 書いて 泳ぐ → 泳いで

예외) 「行く」는 「く」로 끝나지만, 「行って」「行った」「行ったり」로 바뀌므로 주의해야 한다.

「~す」로 끝나는 동사는 「ます형」 접속으로 한다.

> **예** 話す → 話して / 話した / 話したり

▷ 2그룹동사(1단동사)의 경우

동사	활용법	활용 예
2그룹동사 (1단동사)	「る」를 없애고 「て」「た」「たり」를 접속	見る → 見て 食べる → 食べて

▷ 3그룹동사(변격동사)의 경우

동사	활용법	활용 예
3그룹동사 (변격동사)	「ます형」에 「て」「た」「たり」를 접속	来る → 来て する → して

〜て 〜해서 / 〜하고

▷ て형에 접속

力士はちょんまげをして、まわしをしめて、土俵にあがります。
스모선수는 촌마게(일본식 상투)를 하고, 마와시(샅바)를 조이고, 도효(씨름판)에 오릅니다.

地域ごとにプロ野球チームがあって、ほとんどの人は地元のチームを応援
します。 지역마다 프로야구팀이 있어서, 대부분의 사람은 본고장 팀을 응원합니다.

〜た 〜다 (과거·완료)

▷ た형에 접속

ほとんどの人は地元のチームを応援した。 대부분의 사람은 본고장 팀을 응원했다.

相撲は古代から始まり、色々と変化を経て現在の形になりました。
스모는 고대부터 시작되어 여러 변화를 거쳐 현재의 모습이 되었습니다.

〜に行く / 〜に来る 〜하러 가다 / 〜하러 오다

▷ ます형에 접속

遠いところまで自分のチームを応援しに行く人もいます。
먼 곳까지 자신의 팀을 응원하러 가는 사람도 있습니다.

友だちが家に遊びに来ます。 친구가 집에 놀러 옵니다.

*遊ぶ 놀다

포인트 정리

～たり～たり～する ～하거나 ～하거나 ～하다

▷ **た형에 접속**

大学に進学したり、プロ球団に入ったりします。

대학에 진학하거나 프로구단에 들어가거나 합니다.

土俵の上で押したり、引いたり、時には相手を投げたりします。

도효 위에서 밀거나 당기거나, 때로는 상대를 던지거나 합니다.

～てから ～하고 나서

▷ **て형에 접속**

高校を卒業してから野球の名門大学に進学しました。

고등학교를 졸업하고 나서 야구 명문대학에 진학했습니다.

～ごとに ～마다

チームごとにサポーターがいます。 팀마다 서포터가 있습니다.   *サポーター 서포터

地域ごとにプロ野球チームがあります。 지역마다 프로야구팀이 있습니다.

▷ 「分(분)・秒(초)」＋「～ごとに / ～おきに」

▷ 「週間(주간)・年(년)・月(월)・日(일)」＋「～ごとに / ～おきに」

'해당 시기에 한 번씩'이라는 뜻의 '～마다'에 해당되는 표현으로 일본어에는 「ごとに」와 「おきに」가 있다. 작은 단위인 「分・秒」＋「ごとに / おきに」는 같은 의미로 사용되지만, 더 큰 단위인 「週間・年・月・日」＋「ごとに / おきに」는 다른 의미로 사용된다.

一週間ごとに練習があります。 일주일마다 연습이 있습니다.

一週間おきに練習があります。 일주일 걸러(2주일마다) 연습이 있습니다.

1 다음의 단어를 히라가나로 쓰세요.

① 練習 (　　　　　　)　　② 応援 (　　　　　　)

③ 土俵 (　　　　　　)　　④ 相撲 (　　　　　　)

⑤ 番付 (　　　　　　)　　⑥ 試合 (　　　　　　)

2 다음의 한자에 알맞은 단어를 연결하세요.

① 塩　•　　　　　　　　　• Ⓐ なべ

② 鍋　•　　　　　　　　　• Ⓑ しお

③ 選手　•　　　　　　　　• Ⓒ やきゅう

④ 階級　•　　　　　　　　• Ⓓ せんしゅ

⑤ 卒業　•　　　　　　　　• Ⓔ もくひょう

⑥ 目標　•　　　　　　　　• Ⓕ そつぎょう

⑦ 野球　•　　　　　　　　• Ⓖ かいきゅう

연습문제

3 보기 안에서 알맞은 표현을 골라 ( ) 안에 넣으세요.

> **보기**
> から　　ごと　　で　　と　　に

① 相撲の選手を力士（　　　　）呼びます。

② 試合は丸い土俵の上（　　　　）行います。

③ 地域（　　　　）にプロ野球チームがあります。

④ 遠いところまで応援し（　　　　）行く人もいます。

⑤ 土俵に塩をふって（　　　　）、その土俵の上で試合を行います。

4 문제를 보기와 같이 알맞게 고치세요.

> **보기**
> 買う　→　買って　買ってから　買った　買ったり

① する　→ _____ _____ _____ _____

② 来る　→ _____ _____ _____ _____

③ 行く　→ _____ _____ _____ _____

④ 呼ぶ　→ _____ _____ _____ _____

⑤ 押す　→ _____ _____ _____ _____

⑥ 引く　→ _____ _____ _____ _____

⑦ 入る　➡ ＿＿＿＿＿＿　＿＿＿＿＿＿　＿＿＿＿＿＿　＿＿＿＿＿＿

⑧ あがる　➡ ＿＿＿＿＿＿　＿＿＿＿＿＿　＿＿＿＿＿＿　＿＿＿＿＿＿

⑨ 投げる　➡ ＿＿＿＿＿＿　＿＿＿＿＿＿　＿＿＿＿＿＿　＿＿＿＿＿＿

⑩ 始まる　➡ ＿＿＿＿＿＿　＿＿＿＿＿＿　＿＿＿＿＿＿　＿＿＿＿＿＿

5 ( ) 안의 단어를 나열하여 알맞은 문장을 만드시오.

① (日本人の/ 野球は/ スポーツです/ 好きな)

➡ ＿＿＿＿＿＿＿＿＿＿＿＿＿＿＿＿＿＿＿＿＿＿＿＿＿＿＿＿

② (12チーム/ 日本の/ あります/ プロ野球は)

➡ ＿＿＿＿＿＿＿＿＿＿＿＿＿＿＿＿＿＿＿＿＿＿＿＿＿＿＿＿

③ (力士は/ 食べて/ ちゃんこ鍋を/ 力を/ つけます)

➡ ＿＿＿＿＿＿＿＿＿＿＿＿＿＿＿＿＿＿＿＿＿＿＿＿＿＿＿＿

④ (あります/ 日本の/ ほとんどの/ 野球部が/ 高校には)

➡ ＿＿＿＿＿＿＿＿＿＿＿＿＿＿＿＿＿＿＿＿＿＿＿＿＿＿＿＿

⑤ (力士は/ して/ まわしを/ ちょんまげを/ しめて/ 土俵に/ あがります)

➡ ＿＿＿＿＿＿＿＿＿＿＿＿＿＿＿＿＿＿＿＿＿＿＿＿＿＿＿＿

6 문제를 보기와 같이 알맞게 고치세요.

> **보기**
>
> 食_たべる　→　食_たべに行_いく　食_たべに来_くる

① 映画_{えいが}を見_みる ⇒ _____ _____

② 友_{とも}だちと遊_{あそ}ぶ ⇒ _____ _____

③ ペットを買_かう ⇒ _____ _____

④ 英語_{えいご}を勉強_{べんきょう}する ⇒ _____ _____

⑤ チームを応援_{おうえん}する ⇒ _____ _____

7 다음을 일본어로 작문하세요.

① 좋아하는 팀을 응원하러 갑니다.

⇒ _____

② 스모선수는 창코나베를 먹고 힘을 돋웁니다. *힘을 돋우다 力_{ちから}をつける

⇒ _____

③ 본고장 이외의 팀을 응원하는 팬도 있습니다.

⇒ _____

④ 고등학교를 졸업하고 나서 대학에 들어갑니다.

⇒ _____

⑤ 도효 위에서 밀거나 당기거나 던지거나 합니다.

⇒ _____

활동하기

1 좋아하는 스포츠에 대해 설명해 봅시다.

2 한국의 전통 스포츠 중 하나를 설명해 봅시다.

휴일 보내기

❶ ～ている

❷ ～てある

❸ ～ながら

기본 학습 어휘

□ 池 연못

□ 入り口 입구

□ 絵 그림

□ 木 나무

□ 休日 휴일

□ 自撮り 셀카

□ 順番 순서, 차례

□ 駐輪場 자전거 두는 곳, 자전거 주차장

□ 所々 곳곳

□ 乗り場 타는 곳

□ 橋 다리

□ まわり 주변

□ 何人か 몇 명인가

□ 歩く 걷다

□ 植える 심다

□ 置く 두다

□ 描く・描く 그리다

□ 架ける 걸쳐 놓다, 짓다

□ 散歩する 산책하다

□ 座る 앉다

□ 連れる 데리다

□ 撮る (사진을) 찍다

□ 並べる 늘어놓다, 나란히 세우다, 열거하다

□ 休む 쉬다

□ ベンチ 벤치

□ ボート 보트

□ ～ために ～위해서

Track 9-01

私は先週の休日に、犬を連れて近所の公園を散歩しました。その公園の入り口には駐輪場があります。駐輪場には自転車がたくさん並べてありました。公園には大きい池がありました。池には橋が架けてあります。私は池を見ながら橋を歩くのが好きです。池のまわりには木が植えてありました。木の下では絵を描いている子どもたちがいました。ベンチは所々に置いてありました。ベンチに座って休んでいる人もいました。池のボート乗り場では、ボートに乗るために、何人かの人たちが順番を待っていました。順番を待ちながら自撮りを撮っている人もいました。

심화 학습 어휘

□ **音楽** 음악
おんがく

□ **皿** 접시
さら

□ **肉** 고기
にく

□ **庭** 정원
にわ

□ **冷蔵庫** 냉장고
れいぞうこ

□ **冷たい** 차갑다
つめ

□ **久しぶりに** 오랜만에
ひさ

□ **もうすぐ** 이제 곧, 머지않아

□ **入れる** 넣다
い

□ **聞く** 듣다
き

□ **準備する** 준비하다
じゅんび

□ **過ごす** 보내다
す

□ **作る** 만들다
つく

□ **手伝う** 돕다
てつだ

□ **まぜる** 섞다

□ **焼く** 굽다
や

□ **イチゴ** 딸기

□ **デザート** 디저트

□ **パーティー** 파티

□ **バーベキュー** 바비큐

□ **ヨーグルト** 요구르트

Track 9-02

休日には家で休んだり、映画を見に行ったり、動物園に行ったり、レストランに行ったりします。その中でも家で家族と過ごすのが大好きです。今日は久しぶりに家族でバーベキューパーティーをします。母はキッチンで好きな音楽を聞きながら、材料の準備をしています。父は母のそばで手伝っています。祖母は冷蔵庫に入れてあったイチゴとヨーグルトをまぜてデザートを作っています。兄は庭で肉を焼いています。妹は冷たい飲み物を準備しています。祖父は皿をテーブルの上に並べています。もうすぐ、楽しいバーベキューパーティーが始まります。

포인트 정리

자동사와 타동사

일본어의 동사에는 자동사와 타동사가 있는데, 자동사는 「を」라는 동작 대상을 필요로 하지 않은 동사이고, 타동사는 「を」라는 동작 대상을 필요로 하는 동사이다.
그러나 모든 동사에 자동사와 타동사가 있는 것은 아니며, 자동사와 타동사가 같은 형태인 것도 있다.

～ている　～(하)고 있다, ~아/어 있다

「～ている」는 동사에 따라 '진행, 상태(단순상태·결과상태), 습관, 반복, 경험' 등의 의미를 나타낸다.

　兄は庭で肉を焼いています。　오빠는 정원에서 고기를 굽고 있습니다.

　父は母のそばで手伝っています。　아버지는 어머니 옆에서 돕고 있습니다.

～てある　～아/어(여) 있다

「～てある」는 타동사에 붙어 결과 상태가 지속되는 것을 나타내는데, 이때 타동사의 목적어 「を」는 「が」로 바뀌지만, 경우에 따라서는 「が」와 「を」 모두 쓸 수 있다. 한편 준비의 의미를 나타내기도 하는데, 이때는 '~해 두다'라는 뜻의 「～ておく」와 바꿔쓸 수 있다.

窓	を	開ける
⬇		
窓	が	開けてある

　ベンチは所々に置いてありました。　벤치는 곳곳에 놓여 있었습니다.

　駐輪場には自転車が並べてありました。
자전거 주차장에는 자전거가 나란히 세워져 있었습니다.

진행과 상태

「〜ている」는 진행과 상태의 의미를 나타내고 있는데, 접속된 동사의 성질에 따라 의미가 분류될 수 있다. 「〜ている」는 자동사, 타동사 구별이 없이 접속할 수 있지만, 「〜てある」는 타동사에만 접속한다. 「来ている 오고 있다(×)」처럼 동작의 현재 진행 같은데 상태 표현인 경우가 있으므로 주의해야 한다.

▷ 주의할 동사 : 行く(가다) 来る(오다) 結婚する(결혼하다) 知る(알다) 死ぬ(죽다)
　　　　　　　　住む(살다) 持つ(들다, 가지다) 착용동사 …

〜ながら 〜(하)면서

동작 따위가 공존하는 뜻을 나타낼 때 사용한다.

▷ **ます형에 접속**

동사	활용법	활용 예
1그룹동사 (5단동사)	「ウ단」을 「イ단」으로 바꾸고 「ながら」를 접속	聞く → 聞きながら 乗る → 乗りながら
2그룹동사 (1단동사)	「る」를 없애고 「ながら」를 접속	見る → 見ながら 食べる → 食べながら
3그룹동사 (변격동사)	불규칙적으로 활용	来る → 来ながら する → しながら

順番を待ちながら自撮りを撮っています。 순서를 기다리면서 셀카를 찍고 있습니다.

音楽を聞きながら、材料の準備をしています。 음악을 들으면서 재료 준비를 하고 있습니다.

자동사와 타동사

	자동사	타동사		자동사	타동사
aru-eru	あがる	あげる	eru-su	倒_{たお}れる	倒_{たお}す
	集_{あつ}まる	集_{あつ}める		消_きえる	消_けす
	おさまる	おさめる	iru-osu	起_おきる	起_おこす
	終_おわる	終_おえる		落_おちる	落_おとす
	変_かわる	変_かえる		降_おりる	降_おろす
	しまる	しめる	u-asu	動_{うご}く	動_{うご}かす
	止_とまる	止_とめる		乾_{かわ}く	乾_{かわ}かす
	始_{はじ}まる	始_{はじ}める	ru-su	移_{うつ}る	移_{うつ}す
aru-u	つながる	つなぐ		帰_{かえ}る	帰_{かえ}す
	回_{まわ}る	回_{まわ}す		残_{のこ}る	残_{のこ}す
u-eru	開_あく	開_あける	iru-asu	伸_のびる	伸_のばす
	つく	つける		生_いきる	生_いかす
	並_{なら}ぶ	並_{なら}べる		閉_とじる	閉_とざす
eru-u	折_おれる	折_おる	eru-asu	覚_さめる	覚_さます
	切_きれる	切_きる		流_{なが}れる	流_{なが}す

기타 見_みえる-見_みる　聞_きこえる-聞_きく

착용 동사

동사	종류
着_きる (상의를) 입다	セーター 스웨터　コート 코트　スーツ 슈트　シャツ 셔츠　ワンピース 원피스
かぶる 쓰다, 뒤집어쓰다	帽子_{ぼうし} 모자　かつら 가발　仮面_{かめん} 가면
はく (하의를) 입다, 신다	パンツ 바지　ズボン 바지　スカート 스커트　靴下_{くつした} 양말　靴_{くつ} 구두　サンダル 샌들
かける 쓰다, 걸다, 메다	めがね 안경　ショール 숄　かばん 가방
しめる 메다	ネクタイ 넥타이　ベルト 벨트
する 하다	指輪_{ゆびわ} 반지　ネックレス 목걸이　ネクタイ 넥타이　ピアス 피어스

연습문제

1 다음의 단어를 히라가나로 쓰세요.

① 橋　　（　　　　　　　）　　② 池　　（　　　　　　　　）

③ 散歩　（　　　　　　　）　　④ 入り口（　　　　　　　　）

⑤ 乗り場（　　　　　　　）　　⑥ 駐輪場（　　　　　　　　）

2 다음의 한자에 알맞은 단어를 연결하세요.

① 庭　　•　　　　　　　　　　　• Ⓐ え

② 絵　　•　　　　　　　　　　　• Ⓑ にわ

③ 準備　•　　　　　　　　　　　• Ⓒ おんがく

④ 音楽　•　　　　　　　　　　　• Ⓓ じゅんび

⑤ 休日　•　　　　　　　　　　　• Ⓔ じゅんばん

⑥ 順番　•　　　　　　　　　　　• Ⓕ きゅうじつ

⑦ 冷蔵庫•　　　　　　　　　　　• Ⓖ れいぞうこ

3 보기 안에서 알맞은 표현을 골라 ( ) 안에 넣으세요.

보기

が　　　で　　　ながら　　　に　　　を

① 兄は庭（　　　　　）肉を焼いています。

② 池のまわりには木（　　　　　）植えてありました。

③ 家で休んだり、映画を見（　　　　　）行ったりします。

④ 木の下で絵（　　　　　）描いている子どもたちがいました。

⑤ 母はキッチンで好きな音楽を聞き（　　　　　）、材料の準備をしています。

4 문제를 보기와 같이 알맞게 고치세요.

보기

地図・貼る　→　地図を貼っている
地図が貼ってある　地図を貼っておく

① 窓・開ける　➡　_____

_____　_____

② 木・植える　➡　_____

_____　_____

③ 自転車・並べる　➡ _____

_____ _____

④ デザート・作る　➡ _____

_____ _____

⑤ イチゴ・入れる　➡ _____

_____ _____

5 문제를 보기와 같이 알맞게 고치세요.

보기

ご飯を食べる・テレビを見る

→ ご飯を食べながらテレビを見る

① 歌を歌う・街を歩く　➡ _____

② 池を見る・ビールを飲む　➡ _____

③ 音楽を聞く・掃除をする　➡ _____

④ テレビを見る・勉強をする　➡ _____

⑤ 友だちを待つ・電話をする　➡ _____

연습문제

6 ( ) 안의 단어를 나열하여 알맞은 문장을 만드세요.

① (並べて/ 自転車が/ ありました/ 駐輪場には)

➡ _____

② (歩くのが/ 池を/ 好きです/ 橋を/ 見ながら)

➡ _____

③ (座って/ ベンチに/ いる/ 休んで/ いました/ 人も)

➡ _____

④ (並べて/ 皿を/ 上に/ テーブルの/ います/ 祖父は)

➡ _____

⑤ (イチゴと/ 冷蔵庫に /入れて/ あります/ ヨーグルトが)

➡ _____

7 다음을 일본어로 작문하세요.

① 밥을 먹으면서 TV를 봅니다.

> _____

② 아버지는 어머니 곁에서 돕고 있습니다.

> _____

③ 순서를 기다리면서 셀카를 찍고 있습니다.

> _____

④ 보트를 타기 위해 순서를 기다리고 있었습니다.

> _____

⑤ 그중에서도 집에서 가족과 보내는 것을 매우 좋아합니다.

> _____

1 주변 인물의 모습을 묘사해 봅시다.

2 주변의 사물 상태를 설명해 봅시다.

면접

① ～し

② 가능형 동사

③ ～ことができる

④ ～たことがある

기본 학습 어휘

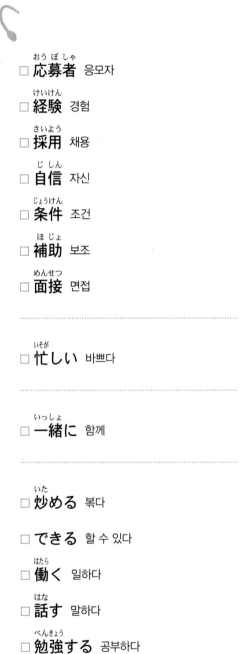

□ 応募者 <ruby>応募者<rt>おうぼしゃ</rt></ruby> 응모자

□ 経験 <ruby>経験<rt>けいけん</rt></ruby> 경험

□ 採用 <ruby>採用<rt>さいよう</rt></ruby> 채용

□ 自信 <ruby>自信<rt>じしん</rt></ruby> 자신

□ 条件 <ruby>条件<rt>じょうけん</rt></ruby> 조건

□ 補助 <ruby>補助<rt>ほじょ</rt></ruby> 보조

□ 面接 <ruby>面接<rt>めんせつ</rt></ruby> 면접

□ 忙しい <ruby>忙しい<rt>いそが</rt></ruby> 바쁘다

□ 一緒に <ruby>一緒に<rt>いっしょ</rt></ruby> 함께

□ 炒める <ruby>炒める<rt>いた</rt></ruby> 볶다

□ できる 할 수 있다

□ 働く <ruby>働く<rt>はたら</rt></ruby> 일하다

□ 話す <ruby>話す<rt>はな</rt></ruby> 말하다

□ 勉強する <ruby>勉強する<rt>べんきょう</rt></ruby> 공부하다

□ 蒸す <ruby>蒸す<rt>む</rt></ruby> 찌다

□ 茹でる <ruby>茹でる<rt>ゆ</rt></ruby> 데치다, 삶다

□ アルバイト 아르바이트

□ イタリア語 <ruby>語<rt>ご</rt></ruby> 이탈리아어

□ シェフ 셰프

□ ソース 소스

□ パートタイム 파트타임

□ パスタ 파스타

□ ホールサービング 홀서빙

기본 학습 본문

面接準備：応募者の場合

今日はアルバイトの面接があります。採用条件は料理の経験とイタリア語です。私はレストランでパートタイムで働いたことがあります。レストランではシェフの補助をしました。シェフと一緒にパスタも茹でたし、ソースも作ったし、野菜も炒めたし、肉も蒸しました。それで私はイタリア料理に自信があります。そして、私はイタリア語が少し話せます。イタリア語を勉強しにイタリアに行ったことがあります。忙しい時はホールサービングもできます。私はこのレストランで働きたいです。

심화 학습 어휘

□ **意欲** 의욕
_{いよく}

□ **受け答え** 응답, 응수
_{う こた}

□ **過去** 과거
_{か こ}

□ **現場** 현장
_{げん ば}

□ **仕事** 일
_{し ごと}

□ **審査** 심사
_{しん さ}

□ **人材** 인재
_{じんざい}

□ **先輩** 선배
_{せんぱい}

□ **態度** 태도
_{たい ど}

□ **単純作業** 단순 작업
_{たんじゅん さ ぎょう}

□ **能力** 능력
_{のうりょく}

□ **判断基準** 판단 기준
_{はんだん き じゅん}

□ **部分** 부분
_{ぶ ぶん}

□ **面接官** 면접관
_{めんせつかん}

□ **細かい** 미세하다, 세세하다
_{こま}

□ **重要だ** 중요하다
_{じゅうよう}

□ **大切だ** 중요하다, 소중하다, 필요하다
_{たいせつ}

□ **真面目だ** 성실하다
_{ま じ め}

□ **あふれる** 넘치다

□ **覚える** 기억하다, 배우다, 익히다
_{おぼ}

□ **感じられる** 느껴지다
_{かん}
⇨ 수동(受け身) 표현 : STEP2에서

□ **こなす** (능숙하게) 해내다

□ **見極める** 판별하다, 가리다
_{み きわ}

□ **やる気がある** 의욕이 있다
_き

□ **アドバイス** 어드바이스, 조언

□ **スタッフ** 스태프

Track 10-02

面接審査：面接官の場合
めんせつしんさ　　めんせつかん　　ばあい

　アルバイト採用面接では、真面目でやる気がある人を採用したいです。過去に働いたことがあるという経験や仕事をこなす能力も大切ですが、応募者のやる気の方が重要です。仕事は単純作業だし、細かい部分は現場で覚えることができるし、アドバイスをする先輩スタッフも現場にいるからです。良い人材を採用するためには、面接の時に応募者を見極めることが大切です。やる気が感じられる態度や意欲あふれる受け答えが判断基準になります。

포인트 정리

~たことがある ~한 적이 있다

▷ **た형에 접속**

私はレストランでパートタイムで働いたことがあります。
저는 레스토랑에서 파트타임으로 일한 적이 있습니다.

私はイタリア語を勉強しにイタリアに行ったことがあります。
저는 이탈리아어를 공부하러 이탈리아에 간 적이 있습니다.

~ことができる ~할 수 있다

▷ **기본형에 접속**

イタリア語を話すことができます。 이탈리아어를 말할 수 있습니다.

細かい部分は現場で覚えることができます。 세세한 부분은 현장에서 익힐 수 있습니다.

~し ~(하)고/~(이)고

▷ **기본형에 접속**

어떤 일을 병렬적으로 열거, 원인과 이유를 제시, 하나의 사실을 제시하여 다음의 일을 암시하는 뜻을 나타낸다.

仕事は単純作業だし、細かい部分は現場で覚えるからです。
일은 단순 작업이고, 세세한 부분은 현장에서 익히기 때문입니다.

パスタも茹でたし、ソースも作ったし、野菜も炒めたし、肉も蒸しました。
파스타도 삶았고, 소스도 만들었고, 채소도 볶았고, 고기도 쪘습니다.

가능형 동사

▷ 가능형 동사 만들기

동사	활용법	활용 예
1그룹동사 (5단동사)	「ウ단」을 「エ단」으로 바꾸고 「る」를 접속	会う → 会える 行く → 行ける
2그룹동사 (1단동사)	「る」를 없애고 「られる」를 접속	見る → 見られる 食べる → 食べられる
3그룹동사 (변격동사)	불규칙적으로 활용	来る → 来られる する → できる

私はイタリア語が少し話せます。 저는 이탈리아어를 조금 말할 수 있습니다.

2그룹동사의 「られる」는 「れる」로만 사용되는 경우가 많다(ラ抜き). 「られる」가 이용된 가능표현은 형태상 수동표현과 같으므로 의미 구분에 주의를 해야 한다. 가능형 동사를 쓰게 되면 기본적으로 조사 「を」가 「が」로 바뀌는데, 그대로 쓰는 경우가 있다.

▷ 가능형을 만들 수 없는 동사

상태나 자연현상을 나타내는 경우	⇨	ある(있다) 要る(필요하다) できる(생기다) わかる(알다) 風が吹く(바람이 불다) 雨が降る(비가 내리다)
대립형을 갖는 자·타동사 중 자동사	⇨	開く(열리다, 자동사) – 開ける(열다, 타동사) 切れる(잘리다, 자동사) – 切る(자르다, 타동사)

연습문제

1 다음의 단어를 히라가나로 쓰세요.

① 現場 （ 　　　　　　 ）　　② 条件 （ 　　　　　　　 ）

③ 経験 （ 　　　　　　 ）　　④ 応募 （ 　　　　　　　 ）

⑤ 単純 （ 　　　　　　 ）　　⑥ 作業 （ 　　　　　　　 ）

2 다음의 한자에 알맞은 단어를 연결하세요.

① 面接　•　　　　　　　　　　• Ⓐ ほじょ

② 採用　•　　　　　　　　　　• Ⓑ まじめ

③ 補助　•　　　　　　　　　　• Ⓒ いよく

④ 人材　•　　　　　　　　　　• Ⓓ さいよう

⑤ 意欲　•　　　　　　　　　　• Ⓔ たいせつ

⑥ 大切　•　　　　　　　　　　• Ⓕ めんせつ

⑦ 真面目 •　　　　　　　　　　• Ⓖ じんざい

3 보기 안에서 알맞은 표현을 골라 (　) 안에 넣으세요.

> **보기**
> が　　　から　　　で　　　では　　　に

① イタリア料理（　　　　　）作れます。

② レストラン（　　　　　）シェフの補助をしました。

③ 真面目（　　　　　）やる気がある人を採用したいです。

④ 意欲あふれる受け答えが判断基準（　　　　　）なります。

⑤ アドバイスをする先輩スタッフも現場にいる（　　　　　）です。

4 다음 보기와 같이 가능형 동사를 만드시오.

> **보기**
> 書く ➡ 書ける / 書くことができる

① 買う　➡　＿＿＿＿＿＿＿＿＿＿＿＿＿＿＿＿＿＿＿＿

② 聞く　➡　＿＿＿＿＿＿＿＿＿＿＿＿＿＿＿＿＿＿＿＿

③ 飛ぶ　➡　＿＿＿＿＿＿＿＿＿＿＿＿＿＿＿＿＿＿＿＿

④ 乗る　➡　＿＿＿＿＿＿＿＿＿＿＿＿＿＿＿＿＿＿＿＿

⑤ 飲む　➡　＿＿＿＿＿＿＿＿＿＿＿＿＿＿＿＿＿＿＿＿

⑥ 遊_{あそ}ぶ ➡ _____

⑦ 泳_{およ}ぐ ➡ _____

⑧ 話_{はな}す ➡ _____

⑨ 作_{つく}る ➡ _____

⑩ 働_{はたら}く ➡ _____

5 ( ) 안의 단어를 나열하여 알맞은 문장을 만드세요.

① (自信_{じしん}が/ イタリア料理_{りょうり}に/ 私_{わたし}は/ あります)

➡ _____

② (できます/ ホールサービングも/ 時_{とき}は/ 忙_{いそが}しい)

➡ _____

③ (応募者_{おうぼしゃ}を/ 見極_{みきわ}める/ ことが/ 大切_{たいせつ}です/ 面接_{めんせつ}の/ 時_{とき}に)

➡ _____

④ (ことが/ 勉強_{べんきょう}しに/ 行_いった/ イタリア語_ごを/ あります/ イタリアに)

➡ _____

⑤ (あります/ レストランで/ ことが/ パートタイムで/ 私_{わたし}は/ 働_{はたら}いた)

➡ _____

6 다음을 일본어로 작문하세요.

① 과거에 일한 적이 있습니다.

    ➡ _____

② 저는 일본어를 말할 수 있습니다.

    ➡ _____

③ 성실하고 의욕이 있는 사람을 채용하고 싶습니다.   *의욕이 있다 やる気がある

    ➡ _____

④ 경험이나 일을 능숙하게 해내는 능력도 중요합니다.   *능숙하게 해내다 こなす

    ➡ _____

⑤ 파스타도 삶았고, 소스도 만들었고, 채소노 볶았습니다.   *~(하)고 ~し

    ➡ _____

1 인기 있는 요리 레시피를 소개해 봅시다.

2 자신 있는 요리 레시피를 소개해 봅시다.

주의사항

① ～てもいい

② ～てはいけない

③ ～なければならない

□ 海外(かいがい) 해외

□ 確認(かくにん) 확인

□ 警察署(けいさつしょ) 경찰서

□ 国内(こくない) 국내

□ 再発行(さいはっこう) 재발행

□ 消防署(しょうぼうしょ) 소방서

□ 証明書(しょうめいしょ) 증명서

□ 書類(しょるい) 서류

□ 大使館(たいしかん) 대사관

□ 直接(ちょくせつ) 직접

□ 発行(はっこう) 발행

□ 紛失(ふんしつ) 분실

□ 紛失届け(ふんしつとど) 분실신고서

□ 本人(ほんにん) 본인

□ 最寄り(もより) 근처, 가장 가까움

□ 理由(りゆう) 이유

□ 領事館(りょうじかん) 영사관

□ 難しい(むずか) 어렵다

□ 再び(ふたた) 다시

□ または 또는

□ 受け取る(うと) 받다, 수취하다

□ 使用する(しよう) 사용하다

□ 提出する(ていしゅつ) 제출하다

□ なくす 잃다, 분실하다

□ 見つかる(み) 발견되다, 찾게 되다

□ わかる 알다, 판명되다

□ センター 센터

□ パスポート 여권

Track 11-01

パスポートの注意事項

　パスポートは本人を確認できる書類として重要です。国内でパスポートをなくした場合は、最寄りの消防署、または警察署に行きます。そこで紛失理由がわかる証明書を受け取らなければなりません。それらの発行が難しい場合、直接パスポートセンターに行ってもいいです。一度紛失届けを提出した後は、紛失したパスポートが見つかった場合でも、そのパスポートを再び使用してはいけません。海外でパスポートをなくした場合は、大使館や領事館に行って、パスポートの再発行をしなければなりません。

□ 海岸 かいがん 해안

□ 確保 かくほ 확보

□ 行動 こうどう 행동

□ 指示 しじ 지시

□ 地震 じしん 지진

□ 姿勢 しせい 자세

□ 状況 じょうきょう 상황

□ 線路 せんろ 선로

□ 対応 たいおう 대응

□ 高台 たかだい 높은 곳(장소), 높은 지대

□ つり革 かわ (전철이나 버스 등의) 손잡이

□ 出入り口 でいりぐち 출입구

□ 手すり て 난간

□ 戸 と 문

□ 波 なみ 파도

□ 避難 ひなん 피난

□ 揺れ ゆ 흔들림, 진동

□ 適切だ てきせつ 적절하다

□ 勝手に かって 함부로, 제멋대로

□ しっかり 단단히

□ 絶対に ぜったい 절대로

□ 開ける あ 열다

□ あわてる 당황하다, 허둥대다

□ おさまる 수습되다, 진정되다

□ 感じる かん 느끼다

□ つながる 연결되다

□ 電話をかける でんわ 전화를 걸다

□ 飛び降りる とお 뛰어내리다

□ 握る にぎ 잡다, 쥐다

□ 控える ひか 삼가다

□ 戻る もど 돌아가다

□ ます형+にくい ～하기 어렵다

□ ます형+ましょう ～합시다

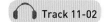
Track 11-02

地震の時の対応

　地震が起きた時は、あわてないで適切な行動をすることが重要です。大きな揺れを感じた時は、戸を開けて、出入り口の確保をしなければなりません。海岸で強い揺れを感じた時は、避難の指示を待つことなく、高台に行かなければなりません。波が引いても絶対に海岸に戻ってはいけません。電車の中にいる時は姿勢を低くするか、手すりやつり革をしっかり握ります。勝手に線路に飛び降りてはいけません。揺れがおさまった後、電話をかけてもいいですが、電話がつながりにくい状況になるので、必要な電話以外の使用は控えましょう。

포인트 정리

～てもいい ～해도 좋다, ～해도 된다 (허가)

품사	활용법	활용 예
동사	て형에 접속	会<ruby>会<rt>あ</rt></ruby>う → 会<ruby>会<rt>あ</rt></ruby>ってもいい
イ형용사	어미 「い」를 없애고 「くてもいい」를 접속	長<ruby>長<rt>なが</rt></ruby>い → 長<ruby>長<rt>なが</rt></ruby>くてもいい
ナ형용사	어미 「だ」를 없애고 「でもいい」를 접속	下手<ruby>下手<rt>へた</rt></ruby>だ → 下手<ruby>下手<rt>へた</rt></ruby>でもいい
명사	명사 + でもいい	鉛筆<ruby>鉛筆<rt>えんぴつ</rt></ruby> → 鉛筆<ruby>鉛筆<rt>えんぴつ</rt></ruby>でもいい

<ruby>直接<rt>ちょくせつ</rt></ruby>パスポートセンターに<ruby>行<rt>い</rt></ruby>ってもいいです。 직접 여권 센터에 가도 됩니다.

▷ **～なくてもいい** ～하지 않아도 된다, ~할 필요는 없다

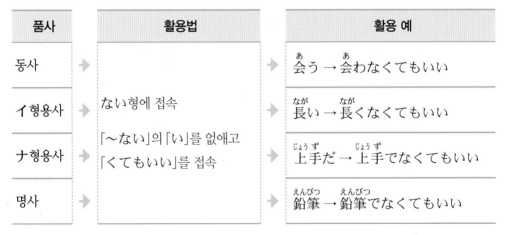

품사	활용법	활용 예
동사		会<ruby>会<rt>あ</rt></ruby>う → 会<ruby>会<rt>あ</rt></ruby>わなくてもいい
イ형용사	ない형에 접속	長<ruby>長<rt>なが</rt></ruby>い → 長<ruby>長<rt>なが</rt></ruby>くなくてもいい
ナ형용사	「～ない」의 「い」를 없애고 「くてもいい」를 접속	上手<ruby>上手<rt>じょうず</rt></ruby>だ → 上手<ruby>上手<rt>じょうず</rt></ruby>でなくてもいい
명사		鉛筆<ruby>鉛筆<rt>えんぴつ</rt></ruby> → 鉛筆<ruby>鉛筆<rt>えんぴつ</rt></ruby>でなくてもいい

<ruby>今日<rt>きょう</rt></ruby>はアルバイトに<ruby>行<rt>い</rt></ruby>かなくてもいいです。 오늘은 아르바이트에 가지 않아도 됩니다.

～てはいけない ～해서는 안 된다 (금지)

품사	활용법	활용 예
동사	て형에 접속	会う → 会ってはいけない
イ형용사	어미 「い」를 없애고 「くてはいけない」를 접속	長い → 長くてはいけない
ナ형용사	어미 「だ」를 없애고 「ではいけない」를 접속	下手だ → 下手ではいけない
명사	명사 + ではいけない	鉛筆 → 鉛筆ではいけない

パスポートを再び使用してはいけません。 여권을 다시 사용해서는 안 됩니다.

▷ **～なくてはいけない ～하지 않으면 안 된다**

회화체에서는 「～なくちゃいけない」로 사용되기도 한다.

품사	활용법	활용 예
동사	ない형에 접속 「～ない」의 「い」를 없애고 「くてはいけない」를 접속	会う → 会わなくてはいけない
イ형용사		長い → 長くなくてはいけない
ナ형용사		上手だ → 上手でなくてはいけない
명사		鉛筆 → 鉛筆でなくてはいけない

警察署に行かなくてはいけない。 경찰서에 가지 않으면 안 된다.

포인트 정리

~なければならない　~하지 않으면 안 된다, ~해야 한다 (의무)

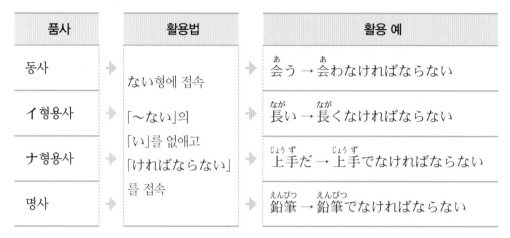

품사	활용법	활용 예
동사	ない형에 접속 「~ない」의 「い」를 없애고 「ければならない」 를 접속	会う → 会わなければならない
イ형용사		長い → 長くなければならない
ナ형용사		上手だ → 上手でなければならない
명사		鉛筆 → 鉛筆でなければならない

戸を開けて、出入り口の確保をしなければなりません。
문을 열고 출입구를 확보하지 않으면 안 됩니다.

大使館や領事館に行って、パスポートの再発行をしなければなりません。
대사관이나 영사관에 가서 여권 재발행을 해야 합니다.

어떤 행위가 반드시 해야 하는 일임을 나타낸다. 이와 같이 의무를 나타내는 표현으로는 「~
なくてはならない・~なければいけない・~ないとならない」 등이 있다. 여기서
「ならない」는 사회적인 일반상식에서의 의무나 필요성을 나타내며, 「いけない」는 개별적인
사정에서 생긴 의무나 필요성을 나타낸다.

연습문제

1 다음의 단어를 히라가나로 쓰세요.

① 書類 　(　　　　　　)　　② 本人 　(　　　　　　　)

③ 地震 　(　　　　　　)　　④ 消防署 (　　　　　　　)

⑤ 証明書 (　　　　　　)　　⑥ 警察署 (　　　　　　　)

2 다음의 한자에 알맞은 단어를 연결하세요.

① 避難　•　　　　　　　　　• Ⓐ かって

② 紛失　•　　　　　　　　　• Ⓑ ひなん

③ 行動　•　　　　　　　　　• Ⓒ こうどう

④ 勝手　•　　　　　　　　　• Ⓓ ふんしつ

⑤ 直接　•　　　　　　　　　• Ⓔ ちょくせつ

⑥ 再発行 •　　　　　　　　　• Ⓕ たいしかん

⑦ 大使館 •　　　　　　　　　• Ⓖ さいはっこう

연습문제

3 보기 안에서 알맞은 표현을 골라 ( ) 안에 넣으세요.

く こと ても でも を

① 電車の中にいる時は、姿勢を低 ( ) します。

② 波が引い ( ) 絶対に海に戻ってはいけません。

③ 避難の指示を待つ ( ) なく、高台に行かなければなりません。

④ 戸 ( ) 開けて、出入り口の確保 ( ) しなければなりません。

⑤ 紛失したパスポートが見つかった場合 ( ) 再び使用してはいけません。

4 문제를 보기와 같이 알맞게 고치세요.

乗る → 乗ってもいい 乗らなくてもいい
乗ってはいけない 乗らなくてはいけない
乗らなければならない

① 会う ➡ _____ _____

_____ _____

_____

② 言う ➡ _____ _____

_____ _____

_____

③ 書く　➡
④ 話す　➡
⑤ 行く　➡
⑥ 戻る　➡
⑦ 休む　➡
⑧ 食べる　➡
⑨ 起きる　➡
⑩ 開ける　➡

연습문제

5 ( ) 안의 단어를 나열하여 알맞은 문장을 만드세요.

① (行っても/ パスポートセンターに/ 直接/ いいです)

➡ _____

② (書類として/ 本人を/ 重要です/ パスポートは/ 確認できる)

➡ _____

③ (強い揺れを/ 行かなければ/ 感じた時は/ 高台に/ なりません/ 海岸で)

➡ _____

④ (あわてないで/ 起きた時は/ 行動を/ 地震が/ 重要です/ することが/ 適切な)

➡ _____

⑤ (状況に/ つながりにくい/ なるので/ 電話が/ 電話の/ 使用は/ 控えましょう)

➡ _____

6 다음을 일본어로 작문하세요.

① 난간이나 손잡이를 꽉 잡습니다.

➡ _____

② 가까운 소방서 또는 경찰서에 갑니다.

➡ _____

③ 맘대로 선로로 뛰어내려서는 안 됩니다.

➡ _____

④ 흔들림이 가라앉은 후에는 전화를 걸어도 됩니다.

➡ _____

⑤ 분실 이유를 알 수 있는 증명서를 받지 않으면 안 됩니다.

➡ _____

1 시험 볼 때 하지 말아야 할 사항과 해도 되는 사항을 적어 봅시다.

2 공공장소(도서관, 지하철, 박물관 등)에서 하지 말아야 할 사항과 해도 되는 사항을 적어
봅시다.

휴가 계획

① 予定

② つもり

③ 〜(よ)うと思う

기본 학습 어휘

□ **一日** 하루

□ **一発** 한 발, 한 방

□ **神奈川県** 가나가와현

□ **漢字** 한자

□ **聞き取り** 듣기

□ **計画** 계획

□ **湘南の海** 쇼난 바다

□ **単語** 단어

□ **つもり** 생각, 작정

□ **夏休み** 여름 방학, 여름 휴가

□ **日本語能力試験** 일본어능력시험

□ **予定** 예정

□ **旅行** 여행

□ **旅行費** 여행비

□ **苦手だ** 서툴다, 잘 못하다

□ **思う** 생각하다

□ **稼ぐ** (돈, 시간 등을) 벌다

□ **がんばる** 힘내다

□ **合格する** 합격하다

□ **集中する** 집중하다

□ **取る** 잡다, 취하다

□ **コーヒーショップ** 커피숍

□ **サーフィン** 서핑

□ **〜ずつ** 〜씩

□ **〜級** 〜급

□ **〜目** 〜번째

Track 12-01

夏休み

私は夏休みの計画が２つあります。

　１つ目は、日本旅行をすることです。日本の神奈川県に行くつもりです。湘南の海でサーフィンをしようと思います。旅行費を稼ぐため、アルバイトをしようと思っています。アルバイトはコンビニか、コーヒーショップでするつもりです。２つ目は、日本語能力試験の１級を取ることです。夏休みに集中して勉強をしようと思います。私は漢字と聞き取りが苦手です。それで一日に単語を３０個ずつ覚え、聞き取りの勉強もする予定です。一発で合格できるようにがんばろうと思います。

□ **思い出** 추억

□ **博物館** 박물관

□ **美術館** 미술관

□ **本場** 본고장

□ **街** 거리

□ **名物** 명물

□ **料理店** 요리점

□ **中心に** 중심으로

□ **はじめて** 처음, 첫 번째

□ **SNSにあげる** SNS에 올리다

□ **注文する** 주문하다

□ **撮る** (사진을) 찍다

□ **利用する** 이용하다

□ **パリ** 파리

□ **ファッション** 패션

□ **フランス** 프랑스

□ **ヨーロッパ** 유럽

□ **ワイン** 와인

심화 학습 본문

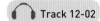

海外旅行

　私は夏休みを利用して海外旅行に行こうと思います。海外旅行ははじめてです。ヨーロッパの中でも人気があるフランスに行くつもりです。パリを中心に旅行しようと思います。パリはファッションの街と言いますが、博物館や美術館も多いです。それに名物料理もたくさんあります。私はフランス料理が好きなので、有名なフランス料理店に行って、本場の料理を食べようと思います。ワインも有名なので注文して飲もうと思います。フランス旅行でたくさんの思い出を作って、旅行で撮った写真をSNSにあげる予定です。

포인트 정리

의지형 (의지 · 권유)

'화자의 의지'를 나타내거나, '제안'이나 '권유'를 나타낼 때 사용한다.

동사	활용법	활용 예
1그룹동사 (5단동사)	「ウ단」을 「オ단」으로 바꾸고 「う」를 접속	会う → 会おう 行く → 行こう
2그룹동사 (1단동사)	「る」를 없애고 「よう」를 접속	見る → 見よう 食べる → 食べよう
3그룹동사 (변격동사)	불규칙적으로 활용	来る → 来よう する → しよう

アルバイトで旅行費を稼ごう。 아르바이트로 여행비를 벌자.

もう時間がないから、早く食べよう。 이제 시간이 없으니까 빨리 먹자.

〜(よ)うと思う　〜하려고 하다

▶ 동사의 의지형에 접속

'앞으로의 의지, 생각' 등을 표현하며, 아직 확실히 결심하지 않은 단순한 생각에 가깝다. 일정 기간 계속 생각해 왔던 것이라면 「思う」보다 「思っている」를 사용한다.

合格できるようにがんばろうと思います。 합격할 수 있도록 노력하려고 합니다.

夏休みを利用して海外旅行に行こうと思います。
여름 방학을 이용해서 해외여행을 가려고 합니다.

~ずつ ~씩

一日に単語を３０個ずつ覚えます。 하루에 단어를 30개씩 외웁니다.

毎日少しずつ練習しよう。 매일 조금씩 연습하자.

~つもり ~할 생각, ~할 작정

▷ 동사의 기본형에 접속

ヨーロッパの中でも人気があるフランスに行くつもりです。
유럽 중에서도 인기가 있는 프랑스에 갈 생각입니다.

アルバイトはコンビニか、コーヒーショップでするつもりです。
아르바이트는 편의점이나 커피숍에서 할 생각입니다.

~予定 ~할 예정

▷ 동사의 기본형에 접속

夏休みに、聞き取りの勉強もする予定です。
여름 방학에 듣기 공부도 할 예정입니다.

旅行で撮った写真をSNSにあげる予定です。
여행에서 찍은 사진을 SNS에 올릴 예정입니다.

연습문제

1 다음의 단어를 히라가나로 쓰세요.

① 単語 (　　　　　　　　)　② 試験 (　　　　　　　　)

③ 予定 (　　　　　　　　)　④ 漢字 (　　　　　　　　)

⑤ 注文 (　　　　　　　　)　⑥ 計画 (　　　　　　　　)

2 다음의 한자에 알맞은 단어를 연결하세요.

① 合格　•　　　　　　　　• Ⓐ ほんば

② 集中　•　　　　　　　　• Ⓑ りよう

③ 利用　•　　　　　　　　• Ⓒ ごうかく

④ 名物　•　　　　　　　　• Ⓓ めいぶつ

⑤ 本場　•　　　　　　　　• Ⓔ りょこうひ

⑥ 博物館　•　　　　　　　• Ⓕ しゅうちゅう

⑦ 旅行費　•　　　　　　　• Ⓖ はくぶつかん

3 보기 안에서 알맞은 표현을 골라 (   ) 안에 넣으세요.

보기

か　　　ので　　　こと　　　ずつ　　　の

① 一つ目は、日本旅行をする (　　　　　　) です。

② 一日に単語を30個 (　　　　　　) 覚える予定です。

③ ワインも有名な (　　　　　) 注文して飲もうと思います。

④ ヨーロッパ (　　　　　) 中でも人気があるフランスに行くつもりです。

⑤ アルバイトはコンビニ (　　　　)、コーヒーショップでするつもり
　　です。

4 문제를 보기와 같이 알맞게 고치세요.

보기

書く　→　書こう

① する　　　⇒ _____

② 乗る　　　⇒ _____

③ 見る　　　⇒ _____

④ 起きる　　⇒ _____

⑤ 食べる　　⇒ _____

⑥ 作る　　　➡ _____

⑦ 話す　　　➡ _____

⑧ 働く　　　➡ _____

⑨ 覚える　　➡ _____

⑩ がんばる　➡ _____

5 ( ) 안의 단어를 나열하여 알맞은 문장을 만드시오.

① (海に/ 湘南の/ つもりです/ 行く)

　➡ _____

② (食べよう/ 本場の/ と思います/ 料理を)

　➡ _____

③ (旅行しよう/ パリを /と思います/ 中心に)

　➡ _____

④ (がんばろう/ ように/ と思います/ 合格できる)

　➡ _____

⑤ (写真を/ あげる/ 旅行で/SNSに/ 撮った/ 予定です)

　➡ _____

6 다음을 일본어로 작문하세요.

① 듣기 공부도 할 예정입니다.　　　　　　　　　　　　　*予定 이용

　➡ _____

② 일본어능력시험 1급을 딸 생각입니다.　　　　　　　　*つもり 이용

　➡ _____

③ 프랑스 여행에서 많은 추억을 만들려고 생각합니다.

　➡ _____

④ 여름 방학에 일본어를 배우러 일본에 갈 생각입니다.　　*つもり 이용

　➡ _____

⑤ 아르바이트는 편의점이나 커피숍에서 할 생각입니다.　　*つもり 이용

　➡ _____

1 휴가 계획을 세우고, 휴가 때 할 일을 적어 봅시다.

2 여행 일정을 세우고, 여행지에서 즐길 일을 적어 봅시다.

부 록

❶ 본문 해석

❷ 연습문제 정답

❸ 어휘 · 활용 정리표

본문 해석

기본 학습

* 명함 *

> 주식회사 하이드 상사
>
> 인사과 스즈키 하나코
>
> ⊙ 〒 111-0000
>
>   오사카시 ○○구 ○○쵸 3-4-5
>
> ☎ 090-3456-7896
>
> ✉ hanako@haido.com

> 국어연구소
>
> 일본어교육연구과
>
> 야마다 다로
>
> ⊙ 〒 1190-8561
>
>   도쿄도 다치카와시 ○○쵸 3-7
>
> ☎ 03-7246-5189

* 프로필 *

> 안녕하세요.
>
> 저는 한국인입니다. 도쿄에 거주합니다.
>
> 공무원이고, 근무처는 요코하마 시청입니다.
>
> 독서와 마라톤이 취미입니다.
>
> 아무쪼록 잘 부탁드립니다.

심화 학습

가족을 소개합니다.

저는 6인 가족입니다(저희 가족은 6명입니다).

할아버지와 할머니, 그리고 아버지와 어머니와 여동생입니다.

아버지는 고등학교 교사이고, 어머니는 간호사입니다.

어머니는 이전에는 간호사가 아니었습니다.

여동생은 고등학생입니다. 작년까지는 중학생이었습니다.

기본 학습

> 15:00까지
>
> 런치 메뉴 영업 중

> 저렴한 런치 메뉴
>
> 매일 바뀌는 된장국 한 그릇 서비스
>
> 연어, 성게, 연어알
>
> 제철 모듬
>
> 런치 타임
>
> 평일 11:00~14:00
>
> 놀랍게도 1000엔(세금 별도)

> 연말연시 휴진 알림
>
> 연말연시는 12월 28일(일)부터
>
> 1월 4일(일)까지 휴진합니다.
>
> 병원장

심화 학습

> 일시 레이와 ○○년 ○월 ○일
>
>   결혼식 오전 11시부터
>
>   피로연 오후 1시부터
>
> 장소 그랜드호텔 도쿄
>
>   도쿄도 미나토구 아카사카 3-7-8
>
> 전화 03-1234-5678
>
>   레이와 ○○년 ○월 길일
>
>   사토 지로 · 다나카 하나코

> 맛있다!
>
> 생맥주를 제공 중
>
> 생맥주 420엔
>
> 닭꼬치 80엔

뮤지컬
(더 스칼렛)

연출 : 야마다 이치로

〈공연 정보〉

공연기간 3월 25일(금)부터 4월 17일(일)까지

공연장소 도쿄 다카라즈카 극장

공연시간 월~금 : 오전 10시 / 토 · 일 : 오후 2시

티켓 예매 3월 15일(화)부터 3월 20일(일)까지
당 홈페이지에서

좌석 요금(세금 포함) SS석 12,000엔 / S석 8,300엔
A석 5,500엔 / B석 3,500엔

03 과

기본 학습

우리 집 1층에는 거실과 부엌과 욕실, 2층에는 침실과 아이들 방 등이 있습니다. 거실에는 테이블과 의자와 책장이 있습니다. 테이블은 거실 중앙에 하나 있습니다. 의자는 두 개 있습니다. 의자 뒤에 가족사진이 있습니다. 의자와 의자 사이에 휴지통이 있습니다. 휴지통 안에는 아무것도 없습니다. 테이블 위에 책이 한 권 있습니다. 그 책 옆에 연필이 한 자루 있습니다. 테이블 아래에 개가 한 마리 있습니다. 창가에는 고양이가 세 마리 있습니다. 고양이 앞에 매트가 한 장 있습니다.

심화 학습

이것은 마을 지도입니다. 마을 한가운데에 역이 있습니다. 가게도 몇 개인가 있습니다. 역에는 서점과 100엔 숍이 있습니다. 서점에는 잡지나 만화 등이 있습니다. 100엔 숍에는 물건이 많이 있습니다. 100엔 숍 맞은편에는 빵집과 초밥집이 있습니다. 빵집 왼쪽에는 꽃집이 있습니다. 꽃집에는 장미랑 백합이랑 해바라기 등이 있습니다. 꽃집과 빵집

과 초밥집 뒤에는 병원이 있습니다. 공원 맞은편은 주택지입니다.

04 과

기본 학습

저는 친척 집에 하숙하고 있습니다.

집에 돌아왔더니 이모가 남긴 쇼핑 리스트와 메시지 메모가 있었습니다. 쇼핑은 소풍 도시락 재료이고, 메시지는 재료의 주의사항이었습니다.

리스트

당근 4개, 무 1개, 파프리카 2개, 토마토 5개, 감자 2개

메시지

당근은 딱딱하고 큰 것이 좋습니다. 무는 굵은 것을 고릅니다. 노란 잎의 무는 좋지 않습니다. 감자는 그다지 크지 않은 것이 좋습니다. 파프리카는 빨간색과 노란색이 필요합니다. 토마토는 껍질의 색이 선명하고 깨끗한 것이 좋습니다. 근처 슈퍼마켓의 채소는 비쌉니다. 채소 가게의 채소가 싸고 신선합니다.

심화 학습

소풍 알림

· 일시 : 4월 27일

· 가는 곳 : 우에노 공원, 동물원

· 준비물 : 도시락, 물, 모자, 돗자리, 비닐봉지

내일은 즐거운 소풍날입니다. 가는 곳은 우에노 공원입니다. 저희 집 근처에는 우에노 공원만큼 유명하지는 않지만, 멋진 공원이 있습니다. 하지만 그 공원은 작습니다.

우에노 공원은 활기차고 매우 넓습니다. 공원 안에는 동물원이 있습니다. 이 동물원은 일본에서 가장 오래된 동물

본문 해석

원입니다. 동물원에는 판다랑 호랑이랑 코끼리 등이 있습니다. 준비물에는 몇 가지 주의사항이 있습니다. 돗자리는 그다지 크지 않은 것이 좋습니다. 비닐봉지는 크고 두꺼운 것이 좋습니다.

05 과

기본 학습

일본인의 식문화

일본의 전통적인 식문화로서 와쇼쿠(일본 음식)가 있습니다. 일본풍 식사로 밥, 국, 절임, 반찬이 기본입니다. 이전에는 일본 음식에 대해서 관심이 적어, 일본요리점 등도 많지 않았습니다. 그러나 최근에는 일본 음식이 건강이나 다이어트에도 좋다는 연구 결과가 있습니다. 실제로 일본 음식은 서양 음식보다 칼로리가 낮습니다. 그래서 최근에는 일본 음식도 인기가 있습니다. 일본 요리에는 회, 초밥, 튀김, 스키야키, 우동 등이 있습니다. 외국에서는 날생선은 기생충이 있다는 인식이 있었습니다. 그래서 대부분의 외국인은 초밥을 별로 좋아하지 않았습니다만, 현재는 일본 음식 중에서도 초밥이 가장 유명합니다.

심화 학습

일본의 의복

일본의 전통적인 의상에는 기모노와 유카타 등이 있습니다. 유카타는 일본 옷 중에서도 가장 러프한 것으로, 기모노보다 유카타 쪽이 법식에 따라 옷을 입혀 주기 편합니다. 옛날 유카타는 수수한 색이 많았지만, 현재의 유카타는 화려한 색조가 많습니다. 기모노는 세계적으로도 인기가 많은 일본의 민족의상입니다. 메이지 시대 초기에는 양복을 입은 사람은 많지 않았습니다. 지금은 반대로 기모노를 입은 사람은 많지 않습니다. 최근에는 기모노여자라는 말이 있는데, 일부의 젊은 여성에게는 기모노가 인기가

있습니다. 그러나 대부분의 경우, 기모노는 성인식이나 첫 참배 등 특별한 날에 입는 복장입니다.

06 과

기본 학습

일본의 교통

일본은 교통편이 좋은 나라 중의 하나입니다. 지하철이나 버스도 시간표대로 운행하기 때문에 매우 편리합니다. 그러나 차를 운전할 때는 주의할 것이 있습니다. 한국의 차는 우측으로 달리지만, 일본의 차는 좌측으로 달립니다. 또한 한국에서는 교차로에서 신호가 빨간색이어도 우회전을 하지만, 일본에서는 신호가 빨간색일 때는 정지합니다. 어떤 경우라도 보행자를 우선하기 때문에 보행자가 길을 건널 때는 다 건널 때까지 기다립니다. 건널목에서는 전철이 지나가지 않을 때에도 반드시 한 차례 멈춥니다.

심화 학습

일본의 교통 매너

일본의 대표적인 교통수단으로 자동차, 자전거, 버스, 전철 등이 있습니다. 모두 편리한 교통수단이지만, 이용할 때는 룰이나 매너를 지키는 것이 매우 중요합니다. 자전거를 탈 때는 위반행위에 주의할 필요가 있습니다. 음주운전이나 우산을 쓰고 자전거를 타는 것은 위반행위가 됩니다. 버스를 이용할 때도 주의할 사항이 있습니다. 버스회사나 지역에 따라서 이용 방법도 다릅니다. 뒷문으로 타는 버스도 있지만, 앞문으로 타는 버스도 있습니다. 전철에도 매너가 있습니다. 전철을 탈 때는 내리는 사람이 먼저입니다. 승객이 내릴 때 전철 문 정면에 서는 것은 다른 승객의 승하차에 방해가 되므로 주의합니다.

07 과

기본 학습

쇼핑

이번 주말에 축제가 있습니다. 축제에 갈 때는 평상복이어도 되지만, 저는 유카타를 입고 싶었습니다. 그래서 어제 백화점에 갔습니다. 근처 가게에는 기모노밖에 없었기 때문입니다. 백화점의 기모노 매장에는 많은 기모노가 있었지만, 여기에도 유카타는 조금밖에 없었습니다. 유카타 종류가 적어서 다양한 유카타를 입어 볼 수 없는 것이 아쉬웠지만, 그중에서 마음에 든 유카타를 찾았습니다. 이 유카타를 빨리 모두에게 보여주고 싶습니다.

심화 학습

4월 20일(토)

저는 항상 아침 6시에 일어나지만, 오늘은 일찍 일어나지 않고, 9시까지 푹 잤습니다. 오늘은 토요일이기 때문입니다. 아침밥은 간단하게 식빵을 한 장만 먹었습니다. 식사 후, 방 안을 청소했습니다. 친구 아이(愛)와의 약속이 2시여서, 1시에 집을 나섰습니다. 약속 시간까지 도착하고 싶었지만, 차가 많아서 보통 때보다 시간이 걸렸습니다. 그래서 결국 5분 정도 늦었습니다. 우리들은 평판이 좋은 애니메이션영화를 봤습니다. 영화는 매우 재미있었습니다. 영화 후, 카페에서 케이크를 먹었습니다. 7시에 집에 돌아왔지만, 배가 고프지 않아서 저녁은 먹지 않았습니다. 애니메이션영화도 좋았지만, 다음에는 로맨스영화를 보고 싶습니다.

08 과

기본 학습

야구

야구는 일본인이 좋아하는 스포츠입니다. 대부분의 일본 고등학교에는 야구부가 있습니다. 열심히 연습해서 고시엔에 가는 것이 목표입니다. 고시엔에 출장한 선수 중에는 고등학교를 졸업하고 나서 야구 명문대학에 진학하거나 프로구단에 들어가거나 하는 경우도 있습니다. 일본 프로야구는 12팀 있습니다. 지역마다 프로야구팀이 있어서, 대부분의 사람은 본고장 팀을 응원합니다. 그러나 본고장 이외의 팀을 응원하는 팬도 있습니다. 이 팬 중에는 본고장에서 열리는 시합뿐만 아니라 먼 곳까지 자신의 팀을 응원하러 가는 사람도 있습니다.

심화 학습

스모

스모는 일본의 전통적인 스포츠입니다. 스모는 고대부터 시작되어 여러 변화를 거쳐 현재의 모습이 되었습니다. 스모 선수를 '리키시(스모선수)'라고 부릅니다. 스모선수는 촌마게(일본식 상투)를 하고, 마와시(샅바)를 조이고, 둥근 도효(씨름판)에 오릅니다. 시합 전에는 도효에 소금을 뿌리고 나서, 그 도효 위에서 시합을 벌입니다. 시합에서는 도효 위에서 서로 밀거나 당기거나, 때로는 상대를 던지거나 합니다. 스모선수에는 순위표가 있고, 강한 순으로 계급이 있습니다. 제일 위는 요코즈나이고, 그다음은 오제키입니다. 그 아래에도 많은 계급이 있습니다. 또 스모선수가 먹는 요리로는 창코나베가 유명하고, 스모선수들은 창코나베를 먹고 힘을 돋웁니다. 최근에서 창코나베 전용 가게도 있어, 스모선수가 아니더라도 창코나베를 먹으러 가기도 합니다.

본문 해석

09 과

기본 학습

저는 지난주 휴일에 개를 데리고 근처 공원을 산책했습니다. 그 공원 입구에는 자전거 주차장이 있습니다. 자전거 주차장에는 자전거가 많이 나란히 세워져 있었습니다. 공원에는 큰 호수가 있었습니다. 호수에는 다리가 걸려 있습니다. 저는 호수를 보면서 다리를 걷는 것을 좋아합니다. 호수 주변에는 나무가 심겨 있었습니다. 나무 아래에서는 그림을 그리고 있는 아이들이 있었습니다. 벤치는 곳곳에 놓여 있었습니다. 벤치에 앉아서 쉬고 있는 사람도 있었습니다. 호수의 보트 타는 곳에는 보트를 타기 위해 몇 명인가의 사람들이 순서를 기다리고 있었습니다. 순서를 기다리면서 셀카를 찍고 있는 사람도 있었습니다.

심화 학습

휴일에는 집에서 쉬거나 영화를 보러 가거나 동물원에 가거나 레스토랑에 가거나 합니다. 그중에서도 집에서 가족과 보내는 것을 매우 좋아합니다. 오늘은 오랜만에 가족끼리 바비큐 파티를 합니다. 어머니는 부엌에서 좋아하는 음악을 들으면서 재료 준비를 하고 있습니다. 아버지는 어머니 옆에서 돕고 있습니다. 할머니는 냉장고에 넣어 놓은 딸기와 요구르트를 섞어서 디저트를 만들고 있습니다. 오빠는 정원에서 고기를 굽고 있습니다. 여동생은 차가운 음료수를 준비하고 있습니다. 할아버지는 접시를 테이블 위에 놓고 있습니다. 이제 곧 즐거운 바비큐 파티가 시작됩니다.

10 과

기본 학습

면접 준비 : 응모자의 경우

오늘은 아르바이트 면접이 있습니다. 채용 조건은 요리 경험과 이탈리아어입니다. 저는 레스토랑에서 파트타임으로 일한 적이 있습니다. 레스토랑에서는 셰프 보조를 했습니다. 셰프와 함께 파스타도 삶았고, 소스도 만들었고, 채소도 볶았고, 고기도 쪘습니다. 그래서 저는 이탈리아 요리에 자신이 있습니다. 그리고 저는 이탈리아어를 조금 말할 수 있습니다. 이탈리아어를 공부하러 이탈리아에 간 적이 있습니다. 바쁠 때는 홀 서빙도 할 수 있습니다. 저는 이 레스토랑에서 일하고 싶습니다.

심화 학습

면접 심사 : 면접관의 경우

아르바이트 채용 면접에서는 성실하고 의욕이 있는 사람을 채용하고 싶습니다. 과거에 일한 적이 있다는 경험이나 일을 능숙하게 해내는 능력도 필요하지만, 응모자의 의욕 쪽이 중요합니다. 일은 단순 작업이고, 세세한 부분은 현장에서 익힐 수 있고, 조언을 하는 선배 스태프도 현장에 있기 때문입니다. 좋은 인재를 채용하기 위해서는 면접 때 응모자를 판별하는 것이 중요합니다. 의욕이 느껴지는 태도나 의욕 넘치는 응답이 판단 기준이 됩니다.

기본 학습

여권 주의사항

여권은 본인을 확인할 수 있는 서류로서 중요합니다. 국내에서 여권을 잃어버린 경우는 가까운 소방서 또는 경찰서에 갑니다. 그곳에서 분실 이유를 알 수 있는 증명서를 받아야 합니다. 그러한 발행이 어려운 경우, 직접 여권 센터에 가도 됩니다. 한 번 분실신고서를 제출한 후에는 분실한 여권을 찾은 경우라도 그 여권을 다시 사용해서는 안됩니다. 해외에서 여권을 잃어버린 경우는 대사관이나 영사관에 가서 여권 재발행을 해야 합니다.

심화 학습

지진 시 대응

지진이 일어났을 때는 당황하지 않고 적절한 행동을 하는 것이 중요합니다. 큰 흔들림을 느꼈을 때는 문을 열고 출입구를 확보해야 합니다. 해안에서 큰 흔들림을 느꼈을 때는 피난 지시를 기다리지 말고, 높은 곳으로 가야 합니다. 파도가 물러가도 절대로 해안으로 되돌아가서는 안 됩니다. 전철 안에 있을 때는 자세를 낮추거나 난간이나 손잡이를 꽉 잡습니다. 맘대로 선로로 뛰어내려서는 안 됩니다. 흔들림이 진정된 후에는 전화를 걸어도 되지만, 전화가 연결이 어려운 상황이 되기 때문에 필요한 전화 이외의 사용은 삼갑시다.

기본 학습

여름 방학

저는 여름 방학 계획이 두 가지 있습니다.

첫 번째는 일본 여행을 하는 것입니다. 일본 가나가와현에 갈 생각입니다. 쇼난 바다에서 서핑을 하려고 합니다. 여행비를 벌기 위해 아르바이트를 하려고 합니다. 아르바이트는 편의점이나 커피숍에서 할 생각입니다. 두 번째는 일본어능력시험 1급을 따는 것입니다. 여름 방학에 집중해서 공부를 하려고 합니다. 저는 한자와 듣기가 서툽니다. 그래서 하루에 단어를 30개씩 외우고, 듣기 공부도 할 예정입니다. 한 번에 합격할 수 있도록 노력하려고 합니다.

심화 학습

해외여행

저는 여름 방학을 이용해서 해외여행을 가려고 합니다. 해외여행은 처음입니다. 유럽 중에서도 인기가 있는 프랑스에 갈 생각입니다. 파리를 중심으로 여행하려고 합니다. 파리는 패션의 거리라고 하지만, 박물관이나 미술관도 많습니다. 게다가 명물 요리도 많이 있습니다. 저는 프랑스 요리를 좋아해서 유명한 프랑스 요리점에 가서 본고장의 요리를 먹으려고 합니다. 와인도 유명하므로 주문해서 마시려고 합니다. 프랑스 여행에서 많은 추억을 만들어서 여행에서 찍은 사진을 SNS에 올릴 예정입니다.

01 과

1. ① はは   ② ちち   ③ そふ

④ そぼ   ⑤ こうこう   ⑥ きょうし

2. ① Ⓑ   ② Ⓓ   ③ Ⓐ

④ Ⓒ   ⑤ Ⓖ   ⑥ Ⓕ

⑦ Ⓔ

3. ① ありません ② では   ③ の

④ で   ⑤ と / と / と

4. ① 8人家族です。

② 妹は中学生です。

③ 私の母は教師です。

④ 勤務先は大阪の市役所です。

⑤ 以前は会社員ではありませんでした。

5. ① 私は韓国人です。

② 私は7人家族です。

③ 読書とマラソンが趣味です。

④ 弟は小学生ではありません。

⑤ 父は教師で、母は会社員です。

02 과

1. ① りょうきん ② にちじ

③ えいぎょう ④ れいわ

⑤ まえうり ⑥ ぜいこみ

2. ① Ⓔ   ② Ⓒ   ③ Ⓐ

④ Ⓖ   ⑤ Ⓑ   ⑥ Ⓓ

⑦ Ⓕ

3. ① 3月1日 ② を   ③ で

④ と   ⑤ から / まで

4. ① 今日は月曜日です。

② 年末年始休診のお知らせ

③ 公演は7時15分からです。

④ 子どもの日は5月5日です。

⑤ ミュージカル公演は8時からです。

5. ① 私の誕生日は4月24日です。

② 今日は7月8日で、金曜日です。

③ 公演は、夜7時から9時30分までです。

④ ミュージカルの前売りは、日曜日の夜 9時からです。

⑤ 2011年11月2日は、私の結婚記念日 です。

03 과

1. ① ほんだな   ② ちず

③ しんしつ   ④ こうえん

⑤ じゅうたくち   ⑥ きっさてん

2. ① Ⓑ   ② Ⓐ   ③ Ⓖ

④ Ⓕ   ⑤ Ⓓ   ⑥ Ⓒ

⑦ Ⓔ

3. ① います   ② 上   ③ など

④ と   ⑤ や / や

4. ① 町の真ん中に駅があります。

② テーブルの下に犬がいます。

③ 公園の向かいは住宅地です。

④ パン屋の左には花屋があります。

⑤ テーブルはリビングの中央に1つあり ます。

5. ① これは町の地図です。

② テーブルの下にごみ箱があります。

③ 猫の前にマットが1枚あります。

④ 2階には寝室や子どもの部屋などがあ ります。

5 駅の前にはスーパーと本屋と100円
ショップがあります。

1. 1 しんせん 2 しきもの
3 ざいりょう 4 やさい
5 でんごん 6 べんとう

2. 1 Ⓑ 2 Ⓓ 3 Ⓐ
4 Ⓔ 5 Ⓕ 6 Ⓒ
7 Ⓖ

3. 1 くて 2 の 3 で
4 い 5 く

4. 1 高いです / 高くて / 高くありません
2 良いです / 良くて / 良くありません
3 安いです / 安くて / 安くありません
4 広いです / 広くて / 広くありません
5 大きいです / 大きくて /
大きくありません
6 有名です / 有名で /
有名ではありません
7 きれいです / きれいで /
きれいではありません
8 鮮やかです / 鮮やかで /
鮮やかではありません
9 賑やかです / 賑やかで /
賑やかではありません
10 すてきです / すてきで /
すてきではありません

5. 1 楽しい遠足の日です。
2 トマトは赤くて新鮮です。

3 黄色い葉のだいこんは良いものではあ
りません。
4 ビニール袋は大きくて厚いものがいい
です。
5 近所には有名ではありませんが、すて
きな公園があります。

1. 1 ゆかた 2 きほん 3 にんき
4 わしょく 5 でんとう 6 いしょう

2. 1 Ⓒ 2 Ⓔ 3 Ⓖ
4 Ⓓ 5 Ⓑ 6 Ⓕ
7 Ⓐ

3. 1 ついて 2 の 3 な
4 として 5 でも

4. 1 低かった / 低かったです /
低くなかった / 低くなかったです
2 多かった / 多かったです /
多くなかった / 多くなかったです
3 高かった / 高かったです /
高くなかった / 高くなかったです
4 若かった / 若かったです /
若くなかった / 若くなかったです
5 少なかった / 少なかったです /
少なくなかった / 少なくなかったです
6 好きだった / 好きでした /
好きではなかった /
好きではなかったです
7 静かだった / 静かでした /
静かではなかった /
静かではなかったです

171

⑧ 有名だった / 有名でした /
有名ではなかった /
有名ではなかったです

⑨ 地味だった / 地味でした /
地味ではなかった /
地味ではなかったです

⑩ 華やかだった / 華やかでした /
華やかではなかった /
華やかではなかったです

5. ① 外国人は、寿司があまり好きではなか
った です。

② 昔の浴衣は地味な色が多かったのです。

③ 日本風の食事で、ご飯、汁、漬け物、
おかずが基本です。

④ 着物より浴衣の方が気付けが楽です。

⑤ 着物は成人式や初詣など、特別な日に
着る服装です。

06 과

1. ① うんてん　② ちいき　③ でんしゃ
④ しんごう　⑤ ゆうせん　⑥ じゃま

2. ① Ⓑ　② Ⓐ　③ Ⓒ
④ Ⓕ　⑤ Ⓓ　⑥ Ⓖ
⑦ Ⓔ

3. ① を　② の　③ ので
④ に　⑤ が

4. ① 立ちます / 立つ時
② 乗ります / 乗る時
③ 待ちます / 待つ時
④ 通ります / 通る時

⑤ 走ります / 走る時
⑥ 渡ります / 渡る時
⑦ 話します / 話すとき
⑧ 降ります / 降りる時
⑨ 止まります / 止まる時
⑩ 異なります / 異なる時

5. ① どんな時でも歩行者を優先します。
② 日本は交通の便が良い国の一つです。
③ バス会社や地域によって利用方法も異

なります。

④ 踏み切りでは電車が通る時でなくても、
必ず一度止まります。

⑤ 日本の代表的な交通手段として車、自
転車、バス、電車などがあります。

07 과

1. ① そうじ　② とうちゃく　③ しゅるい
④ ふつう　⑤ ざんねん　⑥ うりば

2. ① Ⓔ　② Ⓐ　③ Ⓓ
④ Ⓒ　⑤ Ⓕ　⑥ Ⓖ
⑦ Ⓑ

3. ① が　② しか　③ までに
④ から　⑤ ので

4. ① したい / したかった / したくない /
したくなかった
② 来たい / 来たかった / 来たくない /
来たくなかった
③ 行きたい / 行きたかった /
行きたくない / 行きたくなかった
④ 買いたい / 買いたかった /

買いたくない / 買いたくなかった

⑤ 着たい / 着たかった / 着たくない /
着たくなかった

⑥ 出たい / 出たかった / 出たくない /
出たくなかった

⑦ 飲みたい / 飲みたかった /
飲みたくない / 飲みたくなかった

⑧ 見たい / 見たかった / 見たくない /
見たくなかった

⑨ 起きたい / 起きたかった /
起きたくない / 起きたくなかった

⑩ 食べたい / 食べたかった /
食べたくない / 食べたくなかった

5. ① おなかが空かなかった。
② ロマンス映画が見たいです。
③ カフェでケーキを食べました。
④ 食事の後、部屋の中を掃除しました。
⑤ 浴衣の種類が少なくて、色々な浴衣を
試せない。

08 과

1. ① れんしゅう ② おうえん ③ どひょう
④ すもう ⑤ ばんづけ ⑥ しあい

2. ① Ⓑ ② Ⓐ ③ Ⓓ
④ Ⓖ ⑤ Ⓕ ⑥ Ⓔ
⑦ Ⓒ

3. ① と ② で ③ ごと
④ に ⑤ から

4. ① して / してから / した / したり
② 来て / 来てから / 来た / 来たり
③ 行って / 行ってから / 行った /

行ったり

④ 呼んで / 呼んでから / 呼んだ /
呼んだり

⑤ 押して / 押してから / 押した /
押したり

⑥ 引いて / 引いてから / 引いた /
引いたり

⑦ 入って / 入ってから / 入った /
入ったり

⑧ あがって / あがってから / あがった /
あがったり

⑨ 投げて / 投げてから / 投げた /
投げたり

⑩ 始まって / 始まってから / 始まった /
始まったり

5. ① 野球は日本人の好きなスポーツです。
② 日本のプロ野球は、12チームあります。
③ 力士は、ちゃんこ鍋を食べて力をつけ
ます。
④ ほとんどの日本の高校には野球部があ
ります。
⑤ 力士はちょんまげをして、まわしをし
めて、土俵にあがります。

6. ① 映画を見に行く
映画を見に来る
② 友だちと遊びに行く
友だちと遊びに来る
③ ペットを買いに行く
ペットを買いに来る
④ 英語を勉強しに行く
英語を勉強しに来る
⑤ チームを応援しに行く

チームを応援しに来る

7. ① 好きなチームを応援しに行きます。
② 力士はちゃんこ鍋を食べて力をつけます。
③ 地元以外のチームを応援するファンもいます。
④ 高校を卒業してから、大学に入ります。
⑤ 土俵の上で押したり、引いたり、投げたりします。

09 과

1. ① はし　　　② いけ　　　③ さんぽ
④ いりぐち　⑤ のりば
⑥ ちゅうりんじょう

2. ① Ⓑ　　　　② Ⓐ　　　　③ Ⓓ
④ Ⓒ　　　　⑤ Ⓕ　　　　⑥ Ⓔ
⑦ Ⓖ

3. ① で　　　　② が　　　　③ に
④ を　　　　⑤ ながら

4. ① 窓を開けている /
窓が開けてある / 窓を開けておく
② 木を植えている /
木が植えてある / 木を植えておく
③ 自転車を並べている /
自転車が並べてある /
自転車を並べておく
④ デザートを作っている /
デザートが作ってある /
デザートを作っておく
⑤ イチゴを入れている /
イチゴが入れてある /

イチゴを入れておく

5. ① 歌を歌いながら街を歩く
② 池を見ながらビールを飲む
③ 音楽を聞きながら掃除をする
④ テレビを見ながら勉強をする
⑤ 友だちを待ちながら電話をする

6. ① 駐輪場には自転車が並べてありました。
② 池を見ながら橋を歩くのが好きです。
③ ベンチに座って休んでいる人もいました。
④ 祖父は、皿をテーブルの上に並べています。
⑤ 冷蔵庫にイチゴとヨーグルトが入れてあります。

7. ① ご飯を食べながらテレビを見ます。
② 父は母のそばで手伝っています。
③ 順番を待ちながら自撮りを撮っています。
④ ボートに乗るために、順番を待っていました。
⑤ その中でも、家で家族と過ごすのが大好きです。

10 과

1. ① げんば　　② じょうけん　③ けいけん
④ おうぼ　　⑤ たんじゅん　⑥ さぎょう

2. ① Ⓕ　　　　② Ⓓ　　　　③ Ⓐ
④ Ⓖ　　　　⑤ Ⓒ　　　　⑥ Ⓔ
⑦ Ⓑ

3. ① が　　　　② では　　　③ で
④ に　　　　⑤ から

4.
1 買える / 買うことができる
2 聞ける / 聞くことができる
3 飛べる / 飛ぶことができる
4 乗れる / 乗ることができる
5 飲める / 飲むことができる
6 遊べる / 遊ぶことができる
7 泳げる / 泳ぐことができる
8 話せる / 話すことができる
9 作れる / 作ることができる
10 働ける / 働くことができる

5.
1 私はイタリア料理に自信があります。
2 忙しい時は、ホールサービングもできます。
3 面接の時に応募者を見極めることが大切です。
4 イタリア語を勉強しにイタリアに行ったことがあります。
5 私はレストランでパートタイムで働いたことがあります。

6.
1 過去に働いたことがあります。
2 私は日本語が話せます。
3 真面目でやる気がある人を採用したいです。
4 経験や仕事をこなす能力も大切です。
5 パスタも茹でたし、ソースも作ったし、野菜も炒めました。

11과

1.
1 しょるい 2 ほんにん
3 じしん 4 しょうぼうしょ
5 しょうめいしょ 6 けいさつしょ

2.
1 Ⓑ 2 Ⓓ 3 Ⓒ
4 Ⓐ 5 Ⓔ 6 Ⓖ
7 Ⓕ

3.
1 く 2 ても 3 こと
4 を / を 5 でも

4.
1 会ってもいい / 会わなくてもいい /
会ってはいけない /
会わなくてはいけない /
会わなければならない
2 言ってもいい / 言わなくてもいい /
言ってはいけない /
言わなくてはいけない /
言わなければならない
3 書いてもいい / 書かなくてもいい /
書いてはいけない /
書かなくてはいけない /
書かなければならない
4 話してもいい / 話さなくてもいい /
話してはいけない /
話さなくてはいけない /
話さなければならない
5 行ってもいい / 行かなくてもいい /
行ってはいけない /
行かなくてはいけない /
行かなければならない
6 戻ってもいい / 戻らなくてもいい /
戻ってはいけない /
戻らなくてはいけない /
戻らなければならない
7 休んでもいい / 休まなくてもいい /
休んではいけない /
休まなくてはいけない /

休まなければならない

8 食べてもいい / 食べなくてもいい /
食べてはいけない /
食べなくてはいけない /
食べなければならない

9 起きてもいい / 起きなくてもいい /
起きてはいけない /
起きなくてはいけない /
起きなければならない

10 開けてもいい / 開けなくてもいい /
開けてはいけない /
開けなくてはいけない /
開けなければならない

5. 1 直接パスポートセンターに行ってもい
いです。
2 パスポートは本人を確認できる書類と
して重要です。
3 海岸で強い揺れを感じた時は、高台に
行かなければなりません。
4 地震が起きた時は、あわてないで適切
な行動をすることが重要です。
5 電話がつながりにくい状況になるので、
電話の使用は控えましょう。

6. 1 手すりやつり革をしっかり握ります。
2 最寄りの消防署、または警察署に行き
ます。
3 勝手に路線に飛び降りてはいけません。
4 揺れがおさまった後、電話をかけても
いいです。
5 紛失理由がわかる証明書を受け取らな
ければなりません。

12 과

1. 1 たんご　　2 しけん　　3 よてい
4 かんじ　　5 ちゅうもん　6 けいかく

2. 1 ⓒ　　　　2 Ⓕ　　　　3 Ⓑ
4 Ⓓ　　　　5 Ⓐ　　　　6 Ⓖ
7 Ⓔ

3. 1 こと　　　2 ずつ　　　3 ので
4 の　　　　5 か

4. 1 しよう　　　2 乗ろう
3 見よう　　　4 起きよう
5 食べよう　　6 作ろう
7 話そう　　　8 働こう
9 覚えよう　　10 がんばろう

5. 1 湘南の海に行くつもりです。
2 本場の料理を食べようと思います。
3 パリを中心に旅行しようと思います。
4 合格できるようにがんばろうと思いま
す。
5 旅行で撮った写真をSNSにあげる予定
です。

6. 1 聞き取りの勉強もする予定です。
2 日本語能力試験の1級を取るつもりです。
3 フランス旅行でたくさんの思い出を作
ろうと思います。
4 夏休みに日本語を習いに日本へ行くつ
もりです。
5 アルバイトはコンビニか、コーヒーシ
ョップでするつもりです。

イ형용사	의미	イ형용사	의미
明^{あか}るい	밝다	暗^{くら}い	어둡다
浅^{あさ}い	얕다	深^{ふか}い	깊다
暖^{あたた}かい	따뜻하다	涼^{すず}しい	시원하다
暑^{あつ}い	덥다	寒^{さむ}い	춥다
厚^{あつ}い	두껍다, 두텁다	薄^{うす}い	얇다, 연하다
新^{あたら}しい	새롭다	古^{ふる}い	오래되다, 낡다
おいしい	맛있다	まずい	맛없다, 서투르다
多^{おお}い	많다	少^{すく}ない	적다
固^{かた}い	딱딱하다	柔^{やわ}らかい	부드럽다
厳^{きび}しい	엄하다	優^{やさ}しい	상냥하다
高^{たか}い	비싸다 / 높다	安^{やす}い	싸다
		低^{ひく}い	낮다
近^{ちか}い	가깝다	遠^{とお}い	멀다
長^{なが}い	길다	短^{みじか}い	짧다
細^{ほそ}い	가늘다	太^{ふと}い	두껍다, 굵다
難^{むずか}しい	어렵다	易^{やさ}しい	쉽다

ナ형용사	의미	ナ형용사	의미
安全^{あんぜん}だ	안전하다	大変^{たいへん}だ	큰일이다
穏^{おだ}やかだ	온화하다	得意^{とくい}だ	자신 있다, 잘한다
簡単^{かんたん}だ	간단하다	和^{なご}やかだ	부드럽다
嫌^{きら}いだ	싫어하다	苦手^{にがて}だ	서툴다, 잘 못한다
静^{しず}かだ	조용하다	賑^{にぎ}やかだ	활기차다, 번화하다
地味^{じみ}だ	수수하다	派手^{はで}だ	화려하다
上手^{じょうず}だ	능숙하다	下手^{へた}だ	서투르다
幸^{しあわ}せだ	행복하다	便利^{べんり}だ	편리하다
好^すきだ	좋아하다	真面目^{まじめ}だ	성실하다
すてきだ	멋지다	有名^{ゆうめい}だ	유명하다
大切^{たいせつ}だ	소중하다	立派^{りっぱ}だ	훌륭하다

형용사 활용 정리

	い형용사		な형용사	
기본형	～い	あおい	～だ	きれいだ
	～いです	あおいです	～です	きれいです
부정형	～くない	あおくない	～ではない	きれいではない
	～くありません	あおくありません	～ではありません	きれいではありません
과거 긍정형	～かった	あおかった	～だった	きれいだった
	～かったです	あおかったです	～でした	きれいでした
과거 부정형	～くなかった	あおくなかった	～ではなかった	きれいではなかった
	～くありません でした	あおくありません でした	～ではありません でした	きれいではありませんでした
명사수식	～い	あおい空	～な	きれいな空
부사형	～く	あおく	～に	きれいに
연결형	～くて	あおくて	～で	きれいで
가정형	～ければ	あおければ	～なら(ば)	きれいなら(ば)
변화형	～くなる	あおくなる	～になる	きれいになる

초급단계에서 알아두면 좋을 동사

동사	의미	동사	의미
言う	말하다	買う	사다
話す	이야기하다	歌う	노래하다
食べる	먹다	遊ぶ	놀다
泳ぐ	헤엄치다	洗う	씻다
行く	가다	笑う	웃다
調べる	조사하다	磨く	닦다
読む	읽다	降る	내리다
走る	달리다	待つ	기다리다
帰る	돌아가(오)다	寝る	자다
変える	바꾸다	入る	들다, 들어가(오)다
働く	일하다	終わる	끝나다
立つ	서다	始まる	시작되다
聞く	듣다, 묻다	開ける	열다
忘れる	잊다	会う	만나다
呼ぶ	부르다	休む	쉬다
見る	보다	住む	살다
する	하다	出す	내다
来る	오다	着る	(옷을) 입다
飲む	마시다	知る	알다
乗る	타다	分かる	이해하다
飛ぶ	날다	起きる	일어나다

동사활용표

활용	1그룹 동사	2그룹 동사	3그룹 동사
기본형	ウ(う、く、ぐ、す、つ、ぬ、ぶ、む、る)단 ア단+る / ウ단+る / オ단+る 買う・話す・送る	イ단+る エ단+る 見る 食べる	불규칙 동사 来る する
ない형 그 외 수동, 사역 등	ウ단 → ア단+ない *ウ → ワ단+ない 買わない・話さない・送らない	「る」를 없애고 「ない」를 접속 見ない 食べない	来る → 来ない する → しない
ます형 그 외 「ながら」 「たい」 등	ウ단 → イ단+ます 買います・話します・送ります	「る」를 없애고 「ます」를 접속 見ます 食べます	来る → 来ます する → します
て형 그 외 「てから」 「ている」 「てある」 「てもいい」 「てはいけない」 등	〜う、〜つ、〜る → 〜って 〜ぬ、〜ぶ、〜む → 〜んで 〜く → 〜いて 〜ぐ → 〜いで 〜す → 〜して *行く → 行って 買う → 買って・遊ぶ → 遊んで 書く → 書いて・話す → 話して	「る」를 없애고 「て」를 접속 見る → 見て 食べる → 食べて	来る → 来て する → して

활용	1그룹 동사	2그룹 동사	3그룹 동사
た형 그 외 「まま」 「方がいい」 「ことがある」 등	～う、～つ、～る → ～った ～ぬ、～ぶ、～む → ～んだ ～く → ～いた ～ぐ → ～いだ ～す → ～した ＊行(い)く → 行(い)った 買(か)う → 買(か)った・遊(あそ)ぶ → 遊(あそ)んだ 書(か)く → 書(か)いた・話(はな)す → 話(はな)した	「る」를 없애고 「た」를 접속 見(み)る → 見(み)た 食(た)べる → 食(た)べた	来(く)る → 来(き)た する → した
연체형 「時(とき)」「こと」 「つもり」「はず」 등	기본형(사전형)에 접속 買(か)うことができる	기본형(사전형)에 접속 見(み)ることが できる	来(く)る → 来(く)ることができる する → することができる
가정조건형	ウ단 → エ단＋ば 買(か)えば・話(はな)せば・送(おく)れば	「る」를 없애고 「れば」를 접속 見(み)れば 食(た)べれば	来(く)る → 来(く)れば する → すれば
가능 동사형	ウ단 → エ단＋る 買(か)える・話(はな)せる・送(おく)れる	「る」를 없애고 「られる」를 접속 見(み)られる 食(た)べられる	来(く)る → 来(こ)られる する → できる
의지형 (의지, 권유)	ウ단 → オ단＋う 買(か)おう・話(はな)そう・送(おく)ろう	「る」를 없애고 「よう」를 접속 見(み)よう 食(た)べよう	来(く)る → 来(こ)よう する → しよう

초급단계에서 알아두면 좋을 조사

종류	의미		예문
が	~이(가)	주어	えんぴつがあります。
	~을(를)	대상	相撲が好きです。
	~의	연체격	我が国
を	~을(를)	대상	パンを食べます。
		기점	家を出ます。
		이동장소	公園を歩きます。
に	~에	존재장소	教室にあります。
		목적지	日本に行きます。
		시간	9時に散歩します。
	~에게	상대	妹に教えます。
	~을(를)	상대	友だちに会います。
	~이(가)	변화	教師になります。
で	~에서	동작장소	本屋で買います。
	~(으)로	수단	バスで行きます。
		원인	病気で休みます。
へ	~(으)로	방향	東京へ行きます。
の	~의	소유	私の帽子です。
		속성	日本語の本です。
	~의 것	소유물	これは私のです。

종류	의미		예문
と	~와(과)	나열	パンダとトラがいます。
		비교	赤<ruby>あか</ruby>と黄色<ruby>きいろ</ruby>では赤<ruby>あか</ruby>が好<ruby>す</ruby>きです。
		상대	父<ruby>ちち</ruby>と話<ruby>はな</ruby>します。
	~라고	인용	明日<ruby>あした</ruby>は晴<ruby>は</ruby>れると言<ruby>い</ruby>った。
や	~(이)랑	나열	トマトやニンジンなどがあります。
から	~부터	개시시점	2時<ruby>じ</ruby>から始<ruby>はじ</ruby>めます。
	~에서부터	기준	家<ruby>いえ</ruby>から近<ruby>ちか</ruby>いです。
	~으로부터	대상	母<ruby>はは</ruby>から電話<ruby>でんわ</ruby>が来<ruby>き</ruby>ました。
	~로 인해	이유·원인	小<ruby>ちい</ruby>さなミスから事故<ruby>じこ</ruby>が生<ruby>しょう</ruby>じた。
	~로부터	기점	目<ruby>め</ruby>から涙<ruby>なみだ</ruby>が落<ruby>お</ruby>ちる。
	~로	원료	米<ruby>こめ</ruby>から酒<ruby>さけ</ruby>を作<ruby>つく</ruby>る。
まで	~까지	도달점	釜山<ruby>ブサン</ruby>まで行<ruby>い</ruby>きます。
より	~보다	비교기준	犬<ruby>いぬ</ruby>より猫<ruby>ねこ</ruby>が好<ruby>す</ruby>きです。
は	~(은)는	주제	焼<ruby>や</ruby>き肉<ruby>にく</ruby>はおいしいです。
も	~도	강조의 나열	ワインも飲<ruby>の</ruby>みます。
しか	~밖에	한정	ひとつしかないです。
だけ	~만	한정	水<ruby>みず</ruby>だけ飲<ruby>の</ruby>みます。

요리 표현

재료 표현 (육류 · 생선류)		재료 표현 (채소류)	
<ruby>牛肉<rt>ぎゅうにく</rt></ruby>	소고기	きゅうり	오이
<ruby>豚肉<rt>ぶたにく</rt></ruby>	돼지고기	にんじん	당근
<ruby>鶏肉<rt>とりにく</rt></ruby>	닭고기	じゃがいも	감자
ひき<ruby>肉<rt>にく</rt></ruby>	다진 고기	にんにく	마늘
いか	오징어	ネギ	파
サバ	고등어	ナス	가지
サンマ	꽁치	キャベツ	양배추
マグロ	참치	ほうれん<ruby>草<rt>そう</rt></ruby>	시금치

양념 종류		요리 동사	
<ruby>塩<rt>しお</rt></ruby>	소금	<ruby>作<rt>つく</rt></ruby>る	만들다
こしょう	후추	<ruby>茹<rt>ゆ</rt></ruby>でる	데치다
<ruby>砂糖<rt>さとう</rt></ruby>	설탕	<ruby>炒<rt>いた</rt></ruby>める	볶다
<ruby>味噌<rt>みそ</rt></ruby>	된장	<ruby>蒸<rt>む</rt></ruby>す	찌다
<ruby>醤油<rt>しょうゆ</rt></ruby>	간장	<ruby>切<rt>き</rt></ruby>る	자르다
<ruby>蜂蜜<rt>はちみつ</rt></ruby>	꿀	<ruby>焼<rt>や</rt></ruby>く	굽다
<ruby>酢<rt>す</rt></ruby>	식초	<ruby>揚<rt>あ</rt></ruby>げる	튀기다
<ruby>油<rt>あぶら</rt></ruby>	기름	<ruby>剥<rt>む</rt></ruby>く	벗기다, 까다

동양북스 채널에서 더 많은 도서
더 많은 이야기를 만나보세요!

 ▶ 유튜브

 ⬜ 인스타그램

 📝 블로그

 📮 포스트

 f 페이스북

 💬 카카오뷰

외국어 출판 45년의 신뢰
외국어 전문 출판 그룹
동양북스가 만드는 책은 다릅니다.

45년의 쉼 없는 노력과 도전으로 책 만들기에 최선을 다해온
동양북스는 오늘도 미래의 가치에 투자하고 있습니다.
대한민국의 내일을 생각하는 도전 정신과 믿음으로 최선을 다하겠습니다.

📖 동양북스